EDUCAR PARA O CONSUMO
Como lidar com os desejos de crianças e adolescentes

CÁSSIA D'AQUINO
MARIA TEREZA MALDONADO

EDUCAR PARA O CONSUMO
Como lidar com os desejos de crianças e adolescentes

PAPIRUS 7 MARES

Capa: Fernando Cornacchia
Foto de capa: Rennato Testa
Coordenação: Ana Carolina Freitas
Transcrição: Ana Luiza Rocha do Valle
Edição: Ana Carolina Freitas e
Aurea Guedes de Tullio Vasconcelos
Diagramação: DPG Editora
Revisão: Daniele Débora de Souza e
Isabel Petronilha Costa

Dados Internacionais de Catalogação na Publicação (CIP)
(Câmara Brasileira do Livro, SP, Brasil)

D'Aquino, Cássia
 Educar para o consumo: Como lidar com os desejos de crianças e adolescentes/Cássia D'Aquino, Maria Tereza Maldonado. – Campinas, SP: Papirus 7 Mares, 2012. – (Coleção Papirus Debates)

ISBN 978-85-61773-27-4

1. Consumidores – Comportamento 2. Consumismo 3. Diálogo 4. Educação de adolescentes 5. Educação de crianças 6. Finanças 7. Pais e filhos 8. Sociedade de consumo I. Maldonado, Maria Tereza. II. Título. III. Série.

12-09283   CDD-649.6

Índices para catálogo sistemático:

1. Adolescentes como consumidores: Educação financeira: Vida familiar 649.6
2. Crianças como consumidores: Educação financeira: Vida familiar 649.6

Exceto no caso de citações, a grafia deste livro está atualizada segundo o Acordo Ortográfico da Língua Portuguesa adotado no Brasil a partir de 2009.

Proibida a reprodução total ou parcial da obra de acordo com a lei 9.610/98.
Editora afiliada à Associação Brasileira dos Direitos Reprográficos (ABDR).

DIREITOS RESERVADOS PARA A LÍNGUA PORTUGUESA:
© M.R. Cornacchia Livraria e Editora Ltda. – Papirus 7 Mares
R. Dr. Gabriel Penteado, 253 – CEP 13041-305 – Vila João Jorge
Fone/fax: (19) 3272-4500 – Campinas – São Paulo – Brasil
E-mail: editora@papirus.com.br – www.papirus.com.br

SUMÁRIO

Desejo, vontade, necessidade... e consumismo 7

"Tempo é melhor que dinheiro" 17

Consumo de ostentação 30

Ninguém nasce consumista 41

Na sociedade de consumo não pode
haver saciedade 57

A influência dos amigos e da propaganda 68

A ilusão do crédito 83

Educação financeira 91

Glossário 110

N.B. Na edição do texto foram incluídas notas explicativas no rodapé das páginas. Além disso, as palavras em **negrito** integram um **glossário** ao final do livro, com dados complementares sobre as pessoas ou instituições citadas.

Desejo, vontade, necessidade... e consumismo

Maria Tereza Maldonado – O tema do consumismo dá uma boa conversa, Cássia, principalmente porque esse comportamento tem sido superincentivado, e isso em todas as áreas da vida, em todas as idades.

Cássia D'Aquino – Concordo, Tereza. E penso que uma reflexão cuidadosa é muito bem-vinda neste momento. Porque consumir, todos nós consumimos, e o fazemos a vida inteira. O que se faz necessário é identificar até que ponto o consumo é resposta a uma necessidade ou simplesmente a uma vontade. Preciso realmente disso ou apenas desejo obter isso?

Maria Tereza – Eu gostaria de contextualizar o assunto, lembrando de casos concretos. Uma menina de dez anos comentou comigo: "Eu sou uma vítima das vitrinas". Claro que seu passeio preferido era ir ao *shopping*, fazer compras. Ela tinha suas lojas favoritas, que lhe mandavam *e-mails* cada vez que chegava uma nova coleção de verão, outono, inverno ou primavera. E assediava os pais: "Porque eu tenho que ter essa roupa, quero muito ter essa bolsa, preciso desse sapato". Lembro-me também de um menino, ainda mais novo, devia ter uns cinco anos de idade. Ele fazia enorme pressão sobre os pais: "Vamos sair para comprar alguma coisa?". Uma ocasião eu lhe perguntei: "O que você quer comprar?". "Não sei! Alguma coisa." Então, ficamos enredados na "teia do consumismo" quando compramos por impulso, quando "precisamos comprar" para nos sentirmos valorizados pelas marcas que ostentamos, ou quando constantemente pensamos "qual será minha próxima compra?".

Cássia – É muito interessante esse panorama que você traçou porque é impressionante como, de algumas décadas para cá, as famílias têm se encontrado de maneira mais demorada nos finais de semana apenas. E é exatamente nos finais de semana que as pessoas têm um tempo livre e aproveitam para fazer toda sorte de consumo: vão a restaurantes, alugam um DVD, frequentam o *shopping* etc.; e ao mesmo tempo, convivem com os filhos. Ou seja, é muito comum que as crianças, ainda pequenininhas, comecem a criar essa associação confusa e perversa entre o prazer da convivência com os pais e o consumo. Então, quando as pessoas estão juntas, estão juntas para consumir alguma coisa. Isso dá uma boa ideia da razão por que esse menininho de cinco anos, embora nem saiba ainda o que é consumir, sabe que precisa comprar alguma coisa, porque é o que ele percebe que sua família gosta de fazer quando se encontra.

Maria Tereza – É. E isso está inserido em um cenário que ultrapassa a família, que é a própria sociedade de consumo com suas características. A sociedade de consumo, como diz **Zygmunt Bauman**, autor de *Vida para consumo* – livro que considero muito bom –, é a única que oferece a felicidade aqui mesmo, na Terra, porque "vende" a ideia de que, para ser feliz, a pessoa precisa *ter* determinadas coisas. E aí é claro que o mercado de publicidade se concentra nesse ponto. O que se revela, então, é um aspecto cruel que não existia há algumas décadas: o foco nas crianças como consumidores. Os produtos lhes são oferecidos diretamente. Como desde cedo essas crianças estão diante da televisão, do computador, enfim, diante de algum tipo de veículo de comunicação de massa, elas são bombardeadas rotineiramente com mensagens tais como: "Você tem que ter isso, você tem que ter aquilo, e aquilo mais"...

Cássia – Eu tenho a impressão de que são dois movimentos que se somaram nisso. Até há pouco tempo, na metade do século XIX mais ou menos, as pessoas se reconheciam por aquilo que produziam: fulano que é o sapateiro, sicrano que é o alfaiate, e assim por diante. E, não por acaso, há, em muitos idiomas, sobrenomes associados às funções. *Schumacher*, por exemplo, significa "aquele que fabrica sapatos". Essa percepção do outro com base na função que exercia é que, portanto, determinava quase tudo. Ou seja, se o indivíduo dissesse que era sapateiro, seria possível deduzir mais ou menos seu grau de cultura, seu nível de renda, o lugar onde morava, até mesmo quantos filhos possuía.

Depois da metade do século XIX, um movimento muito interessante foi o surgimento dos hipermilionários americanos, na fase de construção das ferrovias para o Oeste. Existem muitos filmes saborosos sobre isso, entre os quais *O grande Gatsby*, adaptação do livro de **Fitzgerald**. Esse livro é muito rico especialmente quando mostra a ideia das pessoas que, de uma hora para outra, passam a consumir com a intenção de dizer o seguinte: o dinheiro deixou de ser importante apenas pela riqueza que ele representa, ou seja, não me interessa mais ter dinheiro no banco; interessa-me ostentar o dinheiro que tenho. Esse movimento de ostentação acabou sendo transposto para nossa vida atual. Então, o indivíduo compra por identificação, ou melhor, julga o *status* de alguém pela marca do tênis que vê em seus pés. Supõe de forma errada, tola, que essa pessoa é de determinada maneira apenas pela aparência de um calçado. Ou, pior, compra o tênis ou um celular supondo, e até mesmo desejando, que alguém vá atribuir-lhe determinadas qualidades por causa da sofisticação do objeto que utiliza. E as crianças entram nessa história toda como "bucha de canhão", porque é muito mais fácil tentar convencê-las do que um adulto. E essa é, justamente, a feição mais covarde da publicidade. Nesse sentido, os pais têm que ficar muito atentos mesmo.

Maria Tereza – Mas um aspecto que não podemos esquecer é que o mercado da publicidade focou a criança porque também está observando como funciona a dinâmica familiar em grandes segmentos da população: pai e mãe trabalhando em horário integral, com menor número de filhos; a criança tratada como rei ou rainha, com mais poder do que deveria ter. Quando isso acontece, o filho percebe que pode conseguir o que deseja pressionando os pais, insistindo para que eles comprem determinados produtos, alimentos ou brinquedos. É nesse sentido que a criança – e também o adolescente – influi nas decisões de consumo dos adultos da família.

Cássia – É, eu entendo, mas sabe que desconfio que essa é uma daquelas charadas do tipo "quem nasceu antes, o ovo ou a galinha?". Se observarmos as pesquisas que mostram que "tem crescido a influência das crianças no tipo de consumo da família", vamos descobrir que quase sempre tais estudos são gestados por agências de publicidade. E aí acaba sendo uma profecia que se cumpre: as crianças cada vez mais determinam o consumo da família. Por quê? Bem, eu leio isso, o outro também, e mais alguém... O que acontece? Todos concluímos: "No mundo em que vivemos, as crianças é que definem essa questão". E, por fim, concedemos à criança um poder enorme, como reflexo daquilo que a publicidade mesma criou. Eu tenho sempre essa desconfiança.

Maria Tereza – É... não sei. Porque de fato a dinâmica familiar está passando por uma grande mudança também. É o que observo em minha atividade como terapeuta de família e consultora na área de educação. Em décadas anteriores, predominava o regime autoritário. Eram os pais que determinavam horários e tarefas, às vezes, de uma forma bastante opressora. Quando esse comportamento começou a ser questionado – "ah, como isso é ruim, como isso oprime e abafa o desenvolvimento das crianças!" –, a história foi para o lado oposto. Gosto muito do ditado bastante usado na Inglaterra que diz: "Não devemos jogar fora o bebê junto com a água do banho". E aí se estabeleceu a cultura da permissividade: dar poucos limites, deixar que o desejo das crianças se sobressaia e se imponha, e que elas sejam o centro da família.

Cássia – É o resultado da má compreensão, da distorção de princípios da psicologia. A ideia de trauma, por exemplo, de que não se pode frustrar a criança, é a contramão de tudo o que há na psicanálise, que fala exatamente de ordenar, de disciplinar o desejo.

Maria Tereza – Claro, não há nenhuma teoria psicológica real que afirme que não se deve frustrar as crianças e defenda a ideia de que o melhor é deixar que elas se desenvolvam "espontaneamente", ou seja, sem limites.

Cássia – Na família que se compõe hoje, parece que o fundamental é dar: dar para não frustrar, para compensar principalmente a escassez de tempo dos pais ou sua ausência...

Maria Tereza – Mas o foco é o dar material, e não o *se* dar. "Ah, mas eu não tenho tempo!" Bom, nós podemos criar tempo. Há muitas atividades dentro de uma casa que podem ser feitas em conjunto, desde assistir a um programa na TV até preparar um lanche, fazer o jantar, colocar e tirar a mesa, deixar as crianças na cozinha se divertindo com alguma coisa enquanto o pai ou a mãe se ocupa de outra, criar jogos e brincadeiras, ouvir música, cantar e dançar; ou fora, como passear nos parques para apreciar a natureza... Há muitas maneiras de estar juntos! Mas essa questão tomou outro rumo...

Cássia – Vejo aí um agravante que aposto que você, Maria Tereza, deve observar na clínica também. Não me parece que seja só o fato de os pais quererem compensar sua ausência. Para mim, essa é a explicação mais superficial. O que eu percebo claramente é que os pais não suportam a sensação de serem desamados pelos filhos, o que é muito mais grave. Ou seja, quem é pai, quem é mãe passa pelo momento inevitável em que os filhos dizem: "Você é a mãe mais chata do mundo"; ou: "Você é o pai mais chato do mundo"; ou ainda: "Eu preferia ser filho da mãe do fulaninho". Não suportar isso tem um duplo efeito: de um lado, fragiliza os pais, que ficam reféns desse temor; e, de outro, fragiliza a criança, que não encontra um adulto que lhe diga o seguinte: "Eu suporto que você possa, neste momento, me desgostar, eu suporto isso", no sentido de: "Eu estou suficientemente forte para perceber que isso é apenas um momento que você teve". E aí essa situação cria todo um embaraço.

Maria Tereza – Penso que há muitas questões importantes envolvidas em tudo isso. Eu até gostaria de retomar aquele estímulo inicial: qual é a diferença entre desejo, vontade e necessidade?

Desejos, nós os temos a todo o momento, eles brotam como consequência de nossa ambição, de nossa busca de prazer, de nossa expectativa de possuir ou alcançar alguma coisa. Vontade é uma força interior que nos impulsiona a realizar algo, a atingir nosso objetivo, é ânimo, disposição, interesse, empenho. Necessidade é outra coisa: é o que é útil, indispensável, imprescindível.

É a sociedade de consumo que contribui para essa confusão que se estabelece entre esses conceitos. Assim, tem-se a impressão de que todos os desejos são necessidades. E quanto mais desejos o indivíduo tiver, mais ele irá consumir. A sociedade de consumo baseia-se justamente em criar uma situação na qual os desejos sejam contínuos e jamais, realmente, satisfeitos, para que cada vez mais se vá consumindo.

E aí voltamos àquele ponto a que já nos referimos: "Ah, não vamos frustrar os nossos filhos, vamos fazer com que eles cresçam felizes".

Cássia – Isso é um desatino...

Maria Tereza – É a ideia de que "uma pessoa feliz não pode ser uma pessoa frustrada". Temos que estar felizes o tempo inteiro, só que isso é inviável.

Cássia – É até desumano.

Maria Tereza – Verdade, é desumano. E o que acontece? Um dos parâmetros básicos do desenvolvimento é o controle, quer dizer, a autorregulação. A criança pequena está cheia de desejos, de impulsos, e ela precisa aprender a tomar conta disso, tem que reconhecer que: "Eu não posso ter tudo o que quero, na hora que quero, do jeito que quero". Reconhecer e aceitar isso é o caminho da maturidade. Uma criança pequena diz: "Eu quero tudo agora, já!". Uma cena muito comum é aquela em que ela rola no chão, gritando: "Eu... eu detesto você! Você é a pior mãe do mundo, o pior pai do mundo". E assim vai, porque ela está frustrada naquela hora. A raiva surge da frustração. Se os pais não suportam essa raiva...

Cássia – Quem é que vai suportar?

Maria Tereza – Eles dizem: "Ah, meu filho não está feliz se ele sente raiva de mim, não pode acontecer isso". E a situação complica-se cada vez mais.

Cássia – Você sabe, Maria Tereza, às vezes penso até que a confusão chegou a tal ponto que se colocaram no mesmo balaio os desejos e as "pequenas vontades". Há no desejo alguma coisa que nos mantém vivos e dispostos a trabalhar. Desejos que se transformam em vontade, como o que nos trouxe para este bate-papo, e que não pode ser confundido com aquele tipo de "vontade" que dá e passa, como diziam os antigos. Então, qualquer vontade da criança parece que é um desejo, compreendido como algo vital para ela.

Maria Tereza – Uma necessidade, não é?

Cássia – Sim, uma necessidade. Tudo ficou misturado da mesma maneira. E aí encontramos adolescentes – adolescentes, adultos, adultos avançados – que não sabem o que querem da vida porque não são capazes, justamente, de reconhecer qual é o desejo que os move. E tudo por causa dessa confusão entre as vontades – que poderão ser equacionadas, disciplinadas, civilizadas –, os desejos e as necessidades. Tudo vai ficando confuso, misturado e muito mal-acabado.

"Tempo é melhor que dinheiro"

Maria Tereza – Quando nos referimos à sociedade de consumo, acho que contribui para aumentar a confusão o fato sobre o qual conversamos antes, que é a história do "eu tenho que ter isso", "eu tenho que ter aquilo" e "se eu não tenho, eu não sou". Passou-se do "eu sou o que produzo" para "eu sou o que consumo, o que tenho"... Uma das coisas que deixam crianças e jovens muito ressentidos na escola é o que chamamos de *bullying* de exclusão: "Se você não tem esse celular de última geração, você não pode fazer parte deste grupo... Nós não podemos nos comunicar com você". Ouvi isso, tempos atrás, ao palestrar em uma escola de classe média alta. Depois da palestra, um grupo de mães me cercou, dizendo: "Achamos que uma menina de nove anos de idade não tem que ter um *smartphone*. Mas todo mundo tem. E aí, como ela não tem, as amigas falam assim: 'Ah, a gente não tem como se comunicar com você com esse celular antiquado'". Ou seja, se a garota não tem o celular prestigiado, ela é ninguém, está fora como pessoa.

Cássia – Pois é, também tenho experiências nesse sentido. Outro dia, curiosamente durante uma palestra, uma mãe me expôs o problema: "Eu não acho que seja razoável dar para minha filha uma mochila 'tal' que custa uma pequena

fortuna. Eu não acho. Mas acontece que todas as crianças t...".
E, brincando com ela, eu a interrompi: "Todas as crianças não têm! Não vamos tomar o que é específico do seu universo como regra geral. Como é que todas as outras crianças vivem sem isso?".

Tenho sempre a sensação de que nessas circunstâncias em que os pais dizem "eu não queria, mas sou levado a isso", o que há de fato é um transbordamento do que é a intenção deles sobre a criança. Além disso, eventualmente a escola, mesmo que de maneira inadvertida, pode favorecer esse tipo de comportamento – e, nesse caso, é questão de os pais se perguntarem: "Queremos que nosso filho esteja em uma escola desse tipo, onde os valores são tão centrados no ter?".

Maria Tereza – São ser e ter, ou ter para ser, tão dependentes um do outro.

Cássia – Sendo assim, "interessa-nos que nosso filho fique lá?". Ou se por qualquer razão, em função do estudo, da qualidade da educação, resolvemos que a escola é muito do "ter", mas ela nos convém de alguma maneira, é o caso de os pais cercarem essa criança e dizer: "Vamos explicar uma coisa para você. A razão pela qual nós colocamos você nessa escola foi a nossa preocupação em lhe oferecer um ensino de qualidade. Nós não temos o mesmo padrão de vida que a maior parte dos seus colegas. Acostume-se ao fato de que as nossas possibilidades de consumo são diferentes das deles. Portanto, meu amor, é o seguinte: não vai 'rolar' o *smartphone*. Não vai 'rolar'". E a criança, você sabe disso perfeitamente, Maria Tereza, supera essa frustração!

Maria Tereza – Claro que supera! Uma das perguntas que fiz a essas mães aflitas era esta: "De que vocês se lembram, de sua época, que queriam muito e seus pais lhes negaram?". Aí elas lembraram de uns 50 itens de vestuário: calça da marca "x", mochila da marca "y"... Os pais não achavam que seria razoável atender a esses pedidos porque não estavam dispostos a ceder à pressão dessas exigências do grupo, vamos dizer assim. E, aí, o que aconteceu: "Vocês foram rejeitadas pelo grupo, ou conseguiram convencer seus amigos de que valiam a pena mesmo sem ter uma calça daquela marca?". "Ah, a gente conseguia." "Então, pensem em como é que vocês vão convencer suas filhas a fazerem o mesmo. Isto é, convencê-las de que as amigas podem aceitá-las sem esse celular de última geração."

Cássia – Ou de que, eventualmente, essas não são as amigas certas, não é?

Maria Tereza – É verdade. Aliás, se a família fica muito focada em "construir filhos felizes, então não podemos frustrá-los", é difícil dar conta do valor da frustração para o crescimento. É necessário reconhecer o valor da frustração para poder dizer assim: "Bom, isto aqui é um obstáculo, como vou contorná-lo?". Se a exigência do filho se voltar para outra coisa, vamos melhorar a argumentação para dizer: "Puxa, mas é realmente preciso trocar o computador? Convença-me disso".

Algumas crianças de oito, nove anos já estão pesquisando na internet os produtos nos quais estão interessadas, até comparam preços de diversas lojas e mostram os resultados para os pais, na tentativa de convencê-los a comprar o que desejam. Aprendem desde cedo a melhorar a qualidade dos seus argumentos para persuadir os pais a fazer o que elas querem.

Portanto, mesmo quando os pais não cedem aos desejos do filho, é importante reconhecer o desenvolvimento dessa qualidade da argumentação que envolve pesquisa e busca de informações. Sobretudo, é importante perceber que há uma série de competências que uma criança pode e vai desenvolver a partir de experiências do não, da frustração, da renúncia e da espera. "Entre cinco brinquedos, tenho que ficar só com um!? Tenho mesmo de abrir mão agora de tal desejo?"

Cássia – Não é fácil fazer essa renúncia, mas é necessário, é o processo civilizatório. Quando o casal começa a gestar, é interessante como fala de quase tudo, projeta tanta coisa, imagina até para qual time o bebê vai torcer, a música que ele vai gostar de ouvir.

Maria Tereza – Mal nasceu, a criança já está com a camiseta do time.

Cássia – Já se sabe tudo o que ela vai ser. É tão bonitinho, tão comovente quando visitamos um recém-nascido e os pais são capazes de dizer algo como: "Ah, ele é tão bem-humorado!".

Maria Tereza – Há uma imagem já pronta de quem é aquela pessoa.

Cássia – "Ah, ela é tão vaidosa!" É uma espécie de oráculo aberto. Os pais, ah... O filho nasce primeiro na cabeça deles, mesmo que às vezes nem saibam o que estão imaginando para ele. Mas sobre dinheiro os pais não combinam nada. Poucas vezes encontrei casais que dissessem: "Não, vai ser bom se nosso filho passar a poupar mais, qualquer tipo de poupança". Ou, se ele for mais do tipo poupador: "Bem, seria bom que ele fosse mais desprendido"...

Existem várias maneiras de lidar com o dinheiro, cada um tem que descobrir qual é a melhor para si e não aquela que dizem por aí que deve ser. Há coisas que são muito pequenininhas e que vão ensinando a criança, por exemplo, a poupar.

Quando a criança nasce, tudo é caos. Até ali por volta dos quatro meses, parece à criança que foi uma péssima ideia ter desembarcado. As coisas não se acertam: a mãe não se acerta, a criança não se acerta, não se sabe por que ela chora. Ela não está satisfeita com o "serviço", porque evidentemente "quando eu quero que me troquem, me oferecem comida; quando quero comida, me dão banho. Isto aqui é um hospício! Essas pessoas não estão qualificadas para tomar conta de mim". Mas, depois dos quatro meses, a criança atinge uma fase mais madura em que ela já suporta alguma espera. Não se trata ainda de deixá-la chorar no berço porque isso é crudelíssimo! Porém, quando os pais são capazes de acolher um bebezinho e fazer com que ele se aquiete, se acalme... ele não está entendendo uma palavra, mas o que importa é aquele entorno.

Maria Tereza – É a comunicação não verbal. Os bebês são extremamente sensíveis ao toque, ao olhar, ao aconchego. Os pais aprendem, gradualmente, a decifrar os diferentes tipos de choro, a expressão do rosto e do corpo do bebê, aguçando a sintonia e a sensibilidade, procurando satisfazer as necessidades até perceberem que, pouco a pouco, a criancinha começa a aprender a esperar porque já confia que será atendida.

Cássia – É a comunicação e a convicção dos pais de que a criança é capaz de esperar, de que ela suporta esperar. Quando digo a um bebê de quatro meses: "Espere um pouquinho que você já vai mamar", eu confio que esse pedaço de gente é capaz de esperar. Por essa convicção de que a criança suporta esperar, acredito que ela é uma pessoa que vai aguentar a frustração de ter que escolher um entre cinco brinquedos. Porém, se para tudo há socorro, esse socorro voraz de quem não suporta que o filho sinta falta de algo, os pais acabarão fazendo dessa criança alguém que não consegue esperar.

Maria Tereza – É aquela história: os pais querem dar tudo para o filho, fazer tudo para ele, satisfazer plenamente os desejos da criança... E, assim, não reconhecem o valor da frustração nem permitem que o filho cresça e amadureça em razão dela.

Cássia – Exato.

Maria Tereza – É essencial reconhecer o valor do processo da escolha, o valor do processo de renúncia.

Cássia – E o processo de renúncia é tão colado no desenvolvimento da criança que a tradução propriamente de maturidade financeira é resultado disso. Alguém que lida bem com o dinheiro é alguém capaz de adiar os desejos de agora em função de futuros benefícios. É alguém capaz de dizer: "Bom, agora eu vou abrir mão disso, porque sei que haverá vantagens".

Maria Tereza – E capaz de estabelecer prioridades, porque na lei do desejo tudo é prioritário e urgente. Quando aprendemos a lidar com isso, somos capazes também de escolher as prioridades: "Vou juntar dinheiro para isso e depois vou juntar dinheiro lá adiante para aquilo". Somos capazes de programar as prioridades – qual é a prioridade número um, a número dois... – e deixar de lado o que não é essencial. E vamos considerar também a história de esperar, sobre a qual você falou no início, Cássia. A vontade dá e passa; então, "será que eu quero mesmo isso?". Assim, o *não* é extremamente educativo, formativo.

Cássia – Perfeito, Maria Tereza. É o *não* que faz a civilização. É ele que molda todos nós em concordância, para que possamos viver dentro de certos princípios. Agora, querer que os filhos cresçam apoiados no fato de que não apenas tudo lhes é liberado pelos pais, mas que tudo lhes deve ser liberado também pelo mundo, é algo inadmissível.

Outro dia eu soube de uma escola em que alguém promoveu uma festa de aniversário. A aniversariante escolheu cinco, seis amigos para sua festinha. Tratava-se de crianças ainda muito pequenas. A mãe de um dos colegas não convidados não se conteve e foi exigir que a escola tomasse uma providência.

Maria Tereza – Para o menino ser convidado...

Cássia – "Como é que o meu filho não está na lista de convidados?" Isso é completamente absurdo!

Observe que a questão tomou rumos inaceitáveis. O que a princípio caracterizava esse desvirtuamento do núcleo familiar, que consistia em os pais concederem ao filho tudo o que ele bem quisesse, agora se ampliou: querem que o mundo entregue à criança coisas que eventualmente ela nem quer. A criança talvez considere aquele amigo aniversariante chatíssimo de lidar, mas a mãe não suporta que o filho seja "rejeitado".

Maria Tereza – E então se nutre a ideia em que muitos adultos passam a acreditar piamente: "O mundo me deve!".

Cássia – Por isso eu dizia que o problema da dinâmica familiar atual está bem mais entranhado e espinhoso, vai além do fato de os pais ficarem pouco tempo em casa. Até porque, no que diz respeito a esse assunto, há alguns anos, era voz geral este argumento – que até hoje tem consequências – ao qual recorriam as mães, sobretudo: "Não importa o tempo que você fique com seu filho...".

Maria Tereza – "... o que importa é a qualidade."

Cássia – Sim, "a qualidade do tempo que você lhe dedica". Isso, do meu ponto de vista, é uma falácia. Você concorda, Maria Tereza?

Maria Tereza – Concordo, acho que a qualidade, sem um mínimo de quantidade, fica insustentável.

Cássia – O que acontece? O que se pretendia com isso? Seria uma maneira de aplacar o complexo de culpa?
Eu acho que a qualidade basicamente se manifesta quando somos capazes de ver os filhos, mesmo. E de ouvi-los. Quando o pai ou a mãe são capazes de reconhecer na sua cria que alguma coisa, hoje, não foi bem, pelo jeitinho do olho, pelo jeito do corpo, isso lhes conta alguma coisa.

Duas rápidas historinhas talvez ajudem a explicitar isso. Uma mãe muito bem informada me disse: "Ah, eu preciso reconhecer, meus três filhos – três filhos: seis, quatro e dois anos! – têm muito pouco contato comigo mesmo. Mas, quando estou com eles, estou realmente com eles. Ontem, por exemplo, fiquei fazendo a lição com a minha filha de seis anos à meia-noite, que é o horário que eu tenho para ajudá-la nas lições". Pelo amor de Deus!

Maria Tereza – Esse não é o tempo da criança!

Cássia – Não é, Maria Tereza. E isso, para essa mãe, que se agarrou a essa máxima, é um tempo de qualidade. Tempo muito leve esse, muito divertido!? Talvez seja um tempo de qualidade para a mãe. Mas esta é a questão: a qualidade tem que ser para a criança!

E ainda outra historinha que ocorreu em uma turma já de ensino médio de uma escola de São Paulo. A mãe de um dos alunos, repetente, foi à escola e queixou-se: "Bem, no ano passado vocês só me avisaram que o meu filho estava indo mal em outubro. Ninguém me avisou nada antes. Vocês sabem que eu sou uma mulher muito ocupada e como é que vocês deixaram para me avisar na última hora?". A coordenadora, estarrecida, respondeu-lhe: "Mas os boletins são bimestrais, como é que a senhora não se deu conta?"... É incrível. Essa mãe não se lembrou de perguntar, de sondar o filho... nada. E pretende devolver à escola essa responsabilidade.

Maria Tereza – Há muitos pais que acham que a escola tem que dar conta de toda a educação da criança, como se o olhar deles tivesse deixado de ser indispensável. Muitas vezes, a criança tem 300 bichos de pelúcia em seu quarto e o discurso "surpreso" dos pais é: "Mas, se ela tem tudo, não lhe falta nada, por que está com problemas?". Ela ficou deprimida, ou está irritadíssima, ou vai mal na escola. Ela tem tudo, não lhe falta nada... materialmente. Mas, falta olho... Falta presença, falta afeto, falta abraço, falta aquela criança ser percebida como pessoa.

Cássia – Falta tempo, falta toque, falta tempo para fazer nada, para contar mil vezes a mesma história.

E minha impressão é que agora estamos vivendo um momento em que isso está mudando de novo. Sinto que a questão ganha um novo matiz. Tenho observado que casais, jovens ainda, dizem: "Nós só vamos nos casar depois que estiver tudo pronto, depois que o apartamento estiver pago". Não é depois que comprar o apartamento, mas depois que ele estiver quitado. O carro zero está comprado: um para cada um. A festa de casamento está toda paga, a lua de mel foi em algum lugar maravilhoso: "Agora vamos ter um filho". Com isso, as coisas ficam todas tão perfeitamente organizadas que o casal se assusta quando a criança nasce e não se encaixa – porque as crianças não se encaixam...

Maria Tereza – Claro, somos todos imperfeitos.

Cássia – Crianças são enigmas que vamos desvelando, decifrando. Os pais se desinteressam em certa medida dessa, dessa...

Maria Tereza – ... dessa humanidade.

Cássia – Perfeito! Dessa coisa incontrolável.

Maria Tereza – Que não é *O show de Truman*, aquele filme tão revelador! Quando o casal diz: "Então, temos que comprar o apartamento", está deixando claro que o afeto precisa esperar até que o material se concretize. Isso é assustador. Porque muitas vezes, se questionamos os pais, eles respondem assim: "Mas nós temos que trabalhar muito mesmo para manter este padrão de vida". E se lhes propusermos: "E se vocês mudarem o padrão de vida?". Eles nem querem imaginar isso... Porque não é de hoje que vimos lendo artigos sobre simplicidade voluntária, essa corrente que está crescendo em alguns lugares. E acho muito interessante que seus adeptos mudaram aquela história de que "tempo é dinheiro" para "tempo é melhor do que dinheiro". Então, é possível optar por trabalhar menos, ganhar menos, ter menos. Por que é preciso ter o carro do ano, o celular de última geração? Não é preferível ter mais tempo para estar com as pessoas de quem gostamos? Tempo para cuidar uns dos outros, para nutrir as relações?

Cássia – No convívio com as famílias, presto atenção no seguinte: não raro, os pais que vivem essa situação, como você descreve, Tereza, são profissionais de empresas de corporações.

Maria Tereza – Ou profissionais liberais.

Cássia – Como são pessoas que têm um exercício de competição muito intenso, elas se sentem recompensadas no consumo. O que pensam pode se resumir dessa forma: "Se trabalho tanto, se tenho que engolir tanto sapo, se tenho que passar por poucas e boas, eu mereço ter isso e isso e isso". E esse "eu mereço isso e isso e isso" se estende aos filhos. Tudo o que alguém possa supor que é merecido em uma situação como essa se estende para os filhos, ou seja: "O meu filho" – se eu tenho essa necessidade de afirmação – "também merece ter a festa, merece ter o celular, merece ter tudo".

Maria Tereza – Ter aquele quarto equipadíssimo, que tem tudo, a tal ponto que ele se isola lá dentro e a família não existe. Cada um no seu canto, "cada um na sua", cada um em seu espaço isolado onde tem tudo. É o egocentrismo que impera, e aí ninguém está com o outro.

Cássia – Exatamente. A criança fica completamente só.

Consumo de ostentação

Cássia – Até devo lhe dizer que eu concordo perfeitamente com você, Maria Tereza, quanto ao fato de que a publicidade soube perceber muito bem isto: a criança só, no quarto, ela e a TV, sem nenhum adulto para fazer a intermediação.

Maria Tereza – Ou ela e o computador.

Cássia – Sim, a criança como fonte de recepção de toda sorte de publicidade, sem nenhum questionamento, sem nenhum adulto que lhe diga: "Mas você acha mesmo que...?". E a publicidade percebeu isso.

Maria Tereza – Claro, e por essa razão elegeu a criança como consumidor prioritário.

Cássia – E é por isso que, já há muitos anos, faço uma campanha por apenas um aparelho de TV em casa. Se cada família tivesse só uma TV em casa...

Maria Tereza – E só um computador, em um espaço coletivo da casa.

Cássia – Ah, sim.

Maria Tereza – Porque a criança e o adolescente ficam totalmente isolados com o computador, e os pais não têm menor ideia do que está se passando ali. Aí aparece a contradição: "Você não pode sair com qualquer um, com pessoas que eu não conheça, nem ir a lugares que eu não aprove"... E o filho está ali, na praça pública do espaço cibernético, onde acontecem coisas inacreditáveis...

Cássia – Mas, também, tenho a impressão de que, curiosamente, o espaço cibernético reconstruiu isso que você acabou de dizer: essa praça é aquela praça do interior. Os amigos, ou conhecidos, enfim, os usuários se encontram, comentam, transitam por ali... O que pode até ser muito interessante.

Maria Tereza – Pode ser muito interessante, muito rico, com certeza, mas também muito perigoso!

Cássia – Por isso, novamente insisto, os pais devem estar atentos a esses ambientes por onde circulam seus filhos.

Maria Tereza – O que provocou essa redução do espaço público de convivência? As pessoas saíram das praças reais por causa da insegurança, da violência das ruas, e acabaram ficando ou dentro das praças do *shopping* ou dentro da praça cibernética. E as famílias não têm a menor noção do perigo das praças cibernéticas também. O pensamento que as conduz é: "Então, vamos ficar em locais fechados porque é mais seguro". E o local fechado é local de consumo, onde mais coisas são demandadas.

Cássia – Esse tema me interessa muito porque em qualquer viagem que façamos, a Buenos Aires, por exemplo, podemos perceber como as praças são abertas, como a população frequenta a rua. Em Montevidéu, a mesma coisa: a população está na rua, a rua é do povo.

Maria Tereza – Mas aqui está tudo cercado.

Cássia – Isso se tornou, tristemente, uma marca brasileira: "Se estou protegido, se o meu condomínio tem um bom sistema de segurança, se o carro está blindado, que me importa?". Nós não saímos à rua, não tomamos a rua – e a rua deveria ser do povo! Nós só saímos perdendo. É uma pena!

Maria Tereza – Toda essa possibilidade do estar nos locais, por exemplo, em contato com a natureza, em trilhas ou em praças, é uma oportunidade de convívio com pessoas. E isso tudo ficou reduzido por causa dos índices de violência, de insegurança urbana, de insegurança pública. E isso tem ligação com a questão do consumo. Porque esse tempo de lazer da família, quando todos poderiam passar a manhã inteira em uma praça, ou em algum jardim, ou simplesmente andando pela rua, é preterido em favor de uma caminhada... onde? No *shopping*, fazendo compras.

Cássia – Uma coisa que me chama muito a atenção, e sei que, de maneira geral, intriga os estrangeiros, é como as nossas ruas são escuras. Em São Paulo, por exemplo, as ruas são um breu, a iluminação pública é péssima, o que aumenta a insegurança.

Maria Tereza – Claro, é necessário iluminar melhor as ruas.

Cássia – E ouve-se tanto discurso demagógico em torno das redes de segurança, de mais policiamento e não sei o quê, quando uma simples solução como essa poderia ajudar a reverter a situação. Se as ruas forem mais iluminadas, as pessoas vão circular mais. E se as pessoas circularem mais, vão se tornar mais reivindicativas em termos de "queremos segurança". Há uma coisa aqui no Brasil que tem se consolidado: é o acovardamento, e isso por acomodação. A população tem receio da insegurança, mas ao mesmo tempo se sente confortável em ficar no *shopping*, local em que supõe que haja controle. Quanto a mim, o primeiro candidato que disser – ainda não vi nenhum e costumo prestar bastante atenção a isso – que vai privilegiar a iluminação das ruas em seu mandato terá meu voto. Porque é incrível! Há uma preocupação que eu penso que deveríamos ter e que é perceber as cidades, as regiões como sendo parte de todos nós.

Maria Tereza – Os espaços de convivência pertencem a todos nós!
Bem, estamos conversando muito e dando exemplos bem ligados à classe média alta. Gostaria de também focalizar a questão das classes economicamente menos favorecidas. Tenho um envolvimento significativo em projetos sociais. Entre outras

iniciativas, organizei grupos de mulheres em comunidades de baixa renda, grupos de sala de espera de hospital público. Algo que me chama muito a atenção é o consumo nas classes populares, a necessidade do consumo. Presencio coisas semelhantes nesta questão do "o que eu tenho que dar aos meus filhos". Já vi famílias se sacrificando muito para atenderem aos desejos das crianças, por exemplo, acreditando que têm que dar tênis de marcas conhecidas para o filho! Então, essa pressão do consumo, do "temos que dar aos nossos filhos", essa história de que as crianças passaram a ficar no centro do universo e a família gravitando em torno, é algo que podemos constatar tanto nas famílias de classe média alta quanto nas famílias economicamente menos favorecidas. Acho assustador ver crianças, adolescentes e jovens adultos acreditando que suas famílias estão lhes devendo muitas coisas: "Você tem que me dar isso, você tem que fazer isso para mim". Vi mulheres dessa favela onde trabalhei cujas filhas não lavavam nem as próprias calcinhas, porque era a mãe que tinha que fazer isso, a mãe tinha que atendê-las.

Cássia – Um tema e tanto, esse!

Maria Tereza – Cria-se uma geração de pais que se colocam na obrigação de "nós vamos fazer tudo pelos nossos filhos" – e dá-se pouca oportunidade de desenvolver nessas crianças, nesses adolescentes ou jovens adultos uma noção de relacionamento de mão dupla: eu recebo, mas também ofereço.

O que ocorre é a mão única: só "eu recebo". E a contribuição, até para essa comunidade familiar, não se faz. Jovens adultos se sentam no sofá da sala e esperam que a mãe lhes traga um copo d'água. Ou o filho reclama que o arroz do jantar é o mesmo do almoço, não foi feito um arroz fresco. É a pressão exercida pelo filho: "Eu quero, eu tenho direito a ser servido". Essa, penso, é uma marca das famílias atuais, o que me preocupa muito.

Cássia – Há pouco fiz referência à passagem da ética da produção para a ética do consumo. **Veblen**, um economista americano descendente de noruegueses, cunhou a expressão *consumo de ostentação*. Era um sujeito muito arguto, seus textos são realmente muito interessantes, porque recheados de ironia. Sua percepção é exatamente esta: não importa a faixa de renda, as pessoas querem consumir a fim de ostentar um determinado padrão ou de simular uma determinada identidade.

Maria Tereza – E aí, se vamos para a questão do adolescente em conflito com a lei, que vai traficar droga... Observamos o seguinte: absolutamente tudo o que ele ganha, ele gasta nos objetos de consumo que são glorificados. Então ele se veste com aquelas marcas de roupa, ou de tênis, ou de mochila. Todo o dinheiro que vem ilegalmente vai para o consumo.

Cássia – Não sei se você se lembra, Maria Tereza, da pesquisa sobre as razões por que os jovens delinquiam, realizada há alguns anos, envolvendo a Escola Nacional de Saúde Pública

(ENSP) e a Fundação Oswaldo Cruz (Fiocruz). Fizeram um estudo com jovens detentos.

Maria Tereza – Ah, sim, claro. Do Claves.[*]

Cássia – Isso. Virou um livro extraordinário, *Nem soldados nem inocentes: Juventude e tráfico de drogas no Rio de Janeiro*. Ele mostrava isto: em uma proporção impressionante, os jovens se iniciam no crime não para comprar comida, remédio...

Maria Tereza – Não! É para comprar os objetos de desejo.

Cássia – Para comprar tênis, para consumir.

Maria Tereza – Para dizer "eu sou mais"! "Eu sou mais porque tenho tênis desta marca, esta camisa, esta calça."

Cássia – É o consumo de ostentação. E aí, qual é a crueza que há nessa percepção? É que, muitas vezes, as pessoas de classe média e classe média alta pretendem exigir que os setores de menor renda da população tenham um comportamento mais adequado em relação ao assunto, e se esquecem de que elas próprias, nas suas famílias de renda mais alta, têm um comportamento semelhante. Ora, o que há é uma reprodução em escala desses comportamentos.

---

[*] Centro Latino-americano de Estudos de Violência e Saúde Jorge Careli. (N.E.)

Eu, que trabalho muito com população de baixa renda, também tenho a oportunidade de atender famílias que são herdeiras de grandes fortunas. Paradoxalmente, percebo maior cuidado na educação em relação ao consumo nessas famílias que têm muitíssimo dinheiro do que nas famílias de menos posses. As famílias que têm dinheiro, sobretudo as que têm dinheiro há bastante tempo, são muito zelosas das consequências do consumo descontrolado. O que torna tudo isso muito irônico, porque, se as pessoas se endividam para dar aos filhos o padrão que elas supõem ser de "rico de novela" – rico de novela que é assim, não é? –, elas deixam de se parecer com tantas famílias que têm muito dinheiro, justamente porque estas são cuidadosas, cautelosas em relação ao consumo dos herdeiros. Isso é muito interessante.

Pelo menos uma vez por ano visito uma empresa, situada em São Paulo, que oferece estágio durante três anos a jovens moradores de abrigos. A bolsa-estágio, quase sempre, é o primeiro dinheiro que esses jovens recebem. São jovens, muitas vezes, abandonados. Com um deles, por exemplo, ocorreu algo curioso e triste. Um dia a mãe chegou a um abrigo e disse: "Vou até ali, já volto. De tarde venho buscar os três filhos". Nunca mais voltou. É esse tipo de realidade.

Conversando com um desses garotos, ele me disse: "Cássia, eu entendo tudo isso de que você fala. Compreendo perfeitamente tudo isso, mas vou lhe dizer uma coisa: quando ganho o meu dinheiro e compro um tênis de marca, eu me sinto como se fosse um 'filhinho de papai'". Observe a lindeza que há nessa expressão empregada por um sujeito que cresceu sem pai: a fantasia do que ele supõe que seja um filhinho de papai. Então, sua fantasia é, como ele diz, transformar-se em filhinho de papai.

Maria Tereza – Claro. Porque é exatamente essa a temática. Quer dizer, a construção da identidade, do valor pessoal, da autoestima está ligada ao que se *tem* mais do que ao que se *é*. Essa é a grande perversão.

Cássia – Exato, e aí dá-se conta do seguinte: ninguém tem tudo o que quer, ninguém. Porque, ah... de novo, isso é inumano. É própria do humano a falta, é do humano não ter, não poder. Pressupor que a pessoa será atendida em tudo cria só essa leva de gente aflita, ansiosa, inquieta!

Maria Tereza – E esses são os candidatos a sofrer de uma doença séria que é a compulsão ao consumo. Porque é um marco do desenvolvimento, passar da lei do desejo imperioso, que é característico da criança pequena: "Eu tenho que ter isso agora, fazer isso agora, senão o mundo acaba!", para apreender a lei da realidade, essa noção de que nós não temos mesmo tudo o que queremos, na hora que queremos, nem do jeito que queremos. No entanto, quando esse processo evolutivo não segue seu curso desejável, vai criando a sensação de que "eu tenho que ter tudo, sim, eu tenho que ter meu desejo satisfeito, sim"; vai criando um buraco que não tem fim.

E aí há pessoas que esperam curar-se dessa sensação angustiante de vazio ou de insatisfação crônica deixando-se levar pela compulsão ao consumo: "A melhor coisa para curar minha depressão é ir ao *shopping* e comprar seis blusas, uma de cada cor, iguaizinhas".

Cássia – Mas, Maria Tereza, você não tem a impressão de que mesmo a expressão *compulsão ao consumo* tem sido utilizada de uma maneira um tanto superficial e fácil demais? A psicologia americana, a meu ver, é muito descompromissada e inventa essas soluções que são fáceis. Alguém pode dizer, por exemplo, "eu vou ao *shopping*... não consigo me controlar. Eu preciso porque sou compulsiva". *O.k.*! A pessoa encontrou para si uma explicação.

Maria Tereza – Ficou desculpável, não é?

Cássia – Ela assume seu problema, rotulando-se como "pessoa compulsiva", e é como uma característica que ela "pendura no peito" e diz: "Não há nada que eu possa fazer sobre o assunto".

Maria Tereza – "Sou doente."

Cássia – "Eu sou uma pessoa doente" – isso é muito americano. "Há alguma coisa com o meu cérebro, entendeu? Falta dopamina, serotonina ou qualquer coisa parecida... Não há nada que eu possa fazer." Ao passo que, de fato, as pessoas que sofrem de compulsão, sofrem realmente com isso. É uma doença muito triste. Mas o que tem de gente dando cheque sem fundo, dizendo-se compulsiva, é uma coisa terrível!

Maria Tereza – Mas aí já é outra ordem de coisas, já estamos no terreno da psicopatia.

Não se trata de um rótulo para dizer "ah, coitada de mim!". É mais o aflorar de uma sensação de vazio, uma sensação de buraco sem fundo, em cima dessa falsa crença de que, se a pessoa pode ter muitos objetos, ela vai se sentir feliz, ou vai se sentir realizada... Mas não, esse é o grande engano.

Cássia – Tenho a sensação de que sempre que a pessoa não sabe o que fazer da vida, ela se perde nisso. E que quando ela tem a consciência dos seus talentos, sabe o que quer.

Maria Tereza – Ela tem a capacidade de fazer projetos e concretizá-los. Porque há quem tenha talentos mas não a persistência para colocar seus projetos na realidade.

Cássia – Está fazendo seu caminho, está ocupada demais nessa delícia de realizar seus talentos para ficar interessada em comprar seis blusinhas. É, podemos colocar a responsabilidade disso sobre a publicidade, sobre o capitalismo, sobre o que quisermos, mas isso não altera o fato, quase certo, de que se trata de alguém muito desinteressante. Porque seis blusinhas, 15 sapatos... Falta projeto e falta vida!

Ninguém nasce consumista

Maria Tereza – Esse quadro de consumismo exacerbado pode ser mudado. Penso que é importante um trabalho de parceria entre família e escola. Porque, considerando um contexto maior, observamos uma crise coletiva como família humana, observamos que não é possível manter o padrão de consumo geral, como estamos fazendo, porque a nossa casa coletiva não está suportando mais isso, essa questão do desperdício, da ostentação, ou do superconsumo, um monte de compras, um monte de lixo, um monte de coisas, objetos descartáveis. Hoje nada pode ser muito duradouro, tudo tem que ser rapidamente descartado. Como também diz Zygmunt Bauman analisando isso: o caminho entre a loja e a lata de lixo precisa ser curto, porque cada objeto ali terá que ser substituído por outro rapidamente. E esse modelo tem que ser repensado. Para mim, isso é um trabalho de educação, repito, de parceria entre família e escola.

Cássia – Concordo completamente que tanto a família como a escola enfrentam essa crise. A crise da escola é, talvez, até anterior à da família. A escola não sabe muito bem por que é que ela está aí.

Há algum tempo, um casal me disse que sairia de férias na metade do semestre com os filhos, iam todos viajar. Ponderei:

"Mas eles não têm aula?". "Têm, mas viajar é cultura, não é?" Sem dúvida, viajar é cultura. Mas é o caso de nos perguntarmos por que, nos dias de hoje, a escola deixou de ser percebida como o espaço em que se adquire cultura. É inquietante que a escola se veja destituída dessa qualidade. Alguma coisa está muito, muito errada. Mas, concordo com você, penso que há, talvez, algumas indicações que podem ajudar os pais. Em primeiro lugar, ninguém está condenado a ser consumista.

Maria Tereza – Ninguém nasce consumista.

Cássia – Exato. Perfeito. Ninguém nasce consumista e nem todo mundo o é. Porque é um problema muito sério quando resolvemos achar que todo mundo é igual. "Todo jovem é consumista." Não, não é. Eu conheço jovens – e você, Maria Tereza, também conhece – que são completamente tranquilos em relação a isso.

Maria Tereza – Às vezes ocorre até o inverso, quando são os pais a pressionarem o filho: "Mas você não quer mesmo uma camisa nova?".

Cássia – "Você não pede... Eu não acredito que você vai realmente continuar usando essa calça!" Então, uma perspectiva realista é a afirmação e o reconhecimento de que não é todo mundo assim. Também o mundo não é assim: talvez o grupinho do qual o jovem faz parte seja assim. Talvez a escola.

Mas vamos procurar descobrir como é que as coisas chegaram a esse ponto, por que essa criança chegou a essa escola.

Maria Tereza – É um questionamento muito válido. É o que chamamos hoje de consumo consciente. Aliás, foram desenvolvidas atividades, aqui no Brasil, muito interessantes a esse respeito, por exemplo, do **Instituto Akatu** e do **Instituto Alana** que fazem um belo trabalho sobre criança e consumo. Para desenvolver essa postura do consumo consciente é preciso pensar: "Você precisa mesmo disso? Para quê? Vamos ver se você não pode viver bem sem esses objetos. Vamos economizar, evitar o desperdício". E as escolas estão fazendo isso com relação ao cuidado planetário no sentido de evitar o desperdício da água, da energia elétrica.

Cássia – É verdade, Maria Tereza, ou melhor, mais ou menos. Vou ser sincera, até isso me preocupa.

Maria Tereza – Em que sentido?

Cássia – Por exemplo, quando vejo que nas escolas, o tempo inteiro, os professores dizem a uma criança de oito anos: "Se nós não cuidarmos do planeta, vamos ficar sem água". Você sabe perfeitamente que uma criança de oito anos compreende isso assim: "Já era, nós vamos ficar sem água. E não daqui a 50, 100, 500 anos. Mas amanhã". O número de crianças que eu encontro angustiadas, aflitas, controlando os pais: "Feche a torneira, você está demorando!". Isso é terrível e é triste que a escola não perceba o "papelão" que está fazendo por não ouvir as crianças, por não conhecê-las. Uma coisa é educar para uma consciência planetária, e outra é fazer isso de forma tão miúda, tão tacanha que crie uma angústia nas crianças. E, de mais a mais, não é obrigação de uma coisinha de um metro e trinta tomar conta do planeta. Ela está tentando ainda não fazer xixi na cama, mastigar de boca fechada, fazer uma letra que seja razoável, cuidar de suas coisinhas...

Desse ponto de vista, certas orientações em relação ao consumo/consumismo propriamente dito me preocupam. Penso que as pessoas não se dão conta de que a educação é uma sequência de acontecimentos. As coisas não são assim: a mãe dá à luz hoje e daqui a 20 anos aparece um problema! Há passos e encadeamentos que vão sugerindo um determinado desenvolvimento para a criança, para o adolescente. Há a necessidade vital de os pais saberem aonde é que eles querem chegar com a educação dos filhos. Tenho plena convicção disso.

Maria Tereza – E eles devem estar conscientes dessa meta. Quer dizer, devem estar dispostos a ajudar essas crianças a crescer para poderem tomar conta de si mesmas. Porque, quando aprendemos a tomar conta de nós mesmos, ninguém precisa ficar mandando na gente. E esse caminho que vai da dependência da criança até o momento em que ela se torna capaz de tomar conta de si mesma significa autorregularse, saber a diferença entre aquilo que quero e aquilo de que preciso, como é que vou me construir como pessoa.

Cássia – Sim, como é que vou sobreviver aos momentos difíceis, como é que vou me organizar em relação ao dinheiro.

Na vida adulta isso tudo se traduz na lida com o dinheiro. Agora, se os pais não se dão conta das consequências desse tipo de comportamento e continuam a entulhar de bichos de pelúcia um quarto que já está cheio deles... Eles até podem fazer isso, mas precisam saber das consequências dessa escolha.

Maria Tereza – Precisam ter essa visão de longo prazo, do que este fato aqui vai resultar lá adiante.

Cássia – Exatamente. Aonde é que os pais querem chegar com a educação de seu filho? Ou, para usar uma imagem, que adulto eles querem encontrar daqui a 20, 25 anos? Quem será essa pessoa, esse filho? E o que podem fazer desde agora para que esse adulto aconteça?

Maria Tereza – Atendi uma família que apresentava uma particularidade: o neto era criado pela avó. Por quê? A mãe resolveu aproveitar a vida, e isso não incluía o filho. Qual era sua noção de aproveitar a vida? "Eu vou me divertir. Então não vou continuar estudando, não vou continuar trabalhando, não vou 'ralar'." E o que acontece? Os pais sustentam essa filha adulta. E para quê? Para ela viver a vida sem projeto.

Cássia – Trata-se de uma adolescente tardia.

Maria Tereza – A avó me diz, angustiada: "Ele fica furioso quando eu cobro as responsabilidades dele". Respondi: "E é mais que natural. Porque ele está se divertindo, de repente você chega assim, como uma estraga-prazeres, dizendo: 'Está na hora de fazer o trabalho da escola' ou 'Está na hora de tomar banho, ou de escovar o dente'. Fica zangado com você, mas isso faz parte do pacote, não é?".

Cássia – Sim.

Maria Tereza – E aí ela se volta para mim e diz: "É, de repente foi isso que faltou fazer com a minha filha... Como não coloquei limites, ela continua achando até hoje que a vida é um parque de diversões". Essa avó agora está fazendo uma revisão com o neto.

Desse modo, qual é o sentido do desenvolvimento? Não é "vou fazer o meu filho feliz", mas sim "vou fazer o meu filho capaz de cuidar bem de si próprio". Capaz de se autorregular.

Cássia – Isso que você fala é importantíssimo, porque se os pais pretenderem assumir para si a responsabilidade de tornar os filhos pessoas felizes, vão sentir um peso imenso, mesmo porque isso não vai acontecer.

Maria Tereza – Tampouco vão obter sucesso se eles se colocarem uma meta compensatória, do tipo "vou dar aos meus filhos tudo aquilo que eu não recebi".

Cássia – Ah, isso me dá uma preguiça. Às vezes alguém me diz assim – e com a boca cheia! –: "Meu filho vai ter tudo o que eu não tive". Outro dia, um pai me falou isso e eu lhe perguntei: "É mesmo? E, por exemplo, o que você queria ter que não teve?". "Ah, quando eu era pequeno, pedi a meu pai uma bicicleta e ele não me deu." "Você não ganhou a bicicleta?" "É, agora eu vou dar para o meu filho." "E por que é que você não compra uma bicicleta para você mesmo, então?" Por que querer que os filhos cumpram um destino que não é o deles?!

Maria Tereza – Para evitar uma frustração que ele, como filho, teve.

Cássia – Portanto, se a frustração é dele, ele que trate de comprar uma, duas, 15 bicicletas. Mas será a bicicleta dele. A criança deve viver o que é dela.

Enfim, penso que, se os pais tiverem a noção daquilo que querem com a educação dessa criança, eles vão concluir: "O que queremos é que seja uma pessoa autônoma, capaz de se desvencilhar das frustrações...".

Maria Tereza – Capaz de fazer boas escolhas...

Cássia – De fazer boas escolhas, de superar o arrependimento pelas escolhas que não forem acertadas e tudo o mais. Fica, então, muito mais fácil para eles resistir na hora de dar ao filho o décimo oitavo coelhinho de pelúcia ou de presenteá-lo de alguma maneira. Porque eles sabem o sentido que existe em dizer o não no momento certo.

Maria Tereza – E quando um filho adolescente, que está completando 18 anos, argumentar: "Todo mundo está ganhando um carro...", eles poderão questionar: "Mas por que tem que ganhar carro com 18 anos? É uma lei".

Cássia – Exato. Essa história eu adoro. Meu filho ouviu isto desde sempre: "Preste atenção: você não vai ganhar um carro quando fizer 18 anos". E é evidente que, como eu, Tereza, você deve ter dito isso e muitos pais e muitas mães também.

Maria Tereza – Com o meu filho não houve problema, foi muito interessante, porque ele nunca quis um carro; aliás, até hoje, ele pouco liga para carro. A minha filha quis muito ter um carro, mas ela também não ganhou um com 18 anos.

Cássia – E ninguém morre por causa disso.

Maria Tereza – Ganhar um carro porque entrou na faculdade? Que bom, não é?

Cássia – Bom! Bom principalmente para a pessoa que passou no vestibular; não é um presente para os pais. Que bom que ela conseguiu!

Maria Tereza – Mas não tem que haver um prêmio material por causa disso! Está muito acoplada a essa história também a ideia de que você tem que presentear os filhos porque eles estão crescendo e fazendo as tarefas próprias de seu desenvolvimento, quando o maior presente é o relacionamento familiar e o sentimento de alegria por desenvolver as próprias competências e habilidades.

Cássia – E você reconhecer essa capacidade do seu filho de se tornar um adulto.

Maria Tereza – O que estamos conversando, na verdade, é a necessidade de uma revisão de conceitos, ou revisão de valores, é adquirir uma nova consciência nesta questão: "O que quero para a educação dos meus filhos? Vou me deixar levar de roldão por isso que está aí? Ou eu vou parar e me posicionar: não concordo com todas essas pressões que existem, com esse argumento 'mas todo mundo faz, todo mundo tem. Por que não eu?'".

Cássia – É verdade que também conta a questão do exemplo, da incongruência entre discurso e ação.

Maria Tereza – Se a criança observa os pais adquirindo mais do supérfluo, ela pode questionar: "Por que eu não posso querer ter mais coisas também?".

Cássia – Bem, eu penso que é um pouco mais complicado que isso. Porque muitas vezes o que acontece não é que a criança queira o décimo oitavo bicho de pelúcia, mas é a mãe que quer e compra. Há algum tempo um garoto me disse o seguinte: "Minha mãe ontem foi ao *shopping* e comprou um *videogame*...". E eu vi na expressão dele um desejo de quem queria conversar sobre esse assunto... Um garoto de seis, sete anos. E ele acrescentou: "E eu nem pedi". Essa maneira de agir, para a criança, é um atropelo. Não é o que ela quer, ela sente isso como uma agressão. Imagine, Maria Tereza, se eu lhe dissesse: "Estou sentindo que você vai querer comer uma feijoada, hein? Você vai comer uma... Acho que você quer. Coma mais um pouquinho, porque a minha impressão é que você quer".

Maria Tereza – É uma não percepção do outro. Você supõe que seu filho deseja tudo aquilo, quando, na verdade, não é bem isso que ele está querendo ou sentindo.

Cássia – É não enxergar o outro. Então, ao ver a mãe comprando 15 pares de sapatos, provavelmente a criança não está pensando nada sobre isso, só está observando: "Essa é uma pessoa que não tem muita organização em relação a isso".

Maria Tereza – Muitas vezes, está também criticando esse comportamento. É comum – provavelmente na sua experiência também – os adolescentes que não se importam com essa aquisição desenfreada das coisas, olharem criticamente para a família, pensando, ou até verbalizando: "Que absurdo!".

Cássia – Isso é bem do adolescente.

Maria Tereza – "Um absurdo, no fim de semana meu pai comprou 15 engradados de cerveja." Excesso? Muitos adolescentes estão com essa visão crítica. "Para que há aquele desperdício enorme lá em casa?" Por outro lado, há os que criticam os excessos, mas acabam usufruindo deles: "Sinceramente, eu nem preciso de tantas coisas, mas já que meus pais fazem questão de comprar tudo isso, acabo aproveitando...".

Cássia – Adolescentes são reis quando se trata de criticar o comportamento dos pais. Eles são terríveis. Mas também, muitas vezes, repetem o que criticam na família. Quer dizer, eles percebem os equívocos que os pais cometem, mas usufruem e encampam essa maneira de viver. O que eu acho preocupante, de fato, é o exemplo que acaba determinando aquilo de que, em primeiro lugar, os pais não se dão conta. Um pai me diz: "Minha filha tem quatro anos e é uma consumista, porque ela só usa roupa de marca". Pergunto-lhe: "É mesmo? E ela vai ao *shopping* como? Pega um táxi, vai de ônibus? Como é?". Brinco, para ele perceber o absurdo da situação! É como uma chamada: "Preste atenção, preste atenção!".

Ou então vem um pai, com toda a candura, e até com uma sinceridade muito especial, me perguntando exatamente o seguinte: "Como é que a gente diz não a uma criança?". Você deve ouvir isso o tempo inteiro, Maria Tereza, tenho certeza, porque é um *hit* de pai.

Maria Tereza – Sem dúvida, há um sentimento de "pena" de frustrar uma pessoinha tão encantadora e o argumento mais comum é "se eu posso, por que não dar?".

Cássia – E eu lhe perguntei: "Estamos falando de uma criança de quantos anos?". "Seis." "Seis anos? E o que acontece quando você não faz o que ela quer?" "Ela fica muito brava." Quando ele verbalizou isso, caiu na risada. Deu uma gargalhada, porque se deu conta de como aquilo era absurdo: "Eu não acredito que fico preocupado porque uma pessoa de um metro e quarenta fica brava se não ganha o lanche da...".

Maria Tereza – Mas é isso que muitas vezes está acontecendo mesmo. Os pais se sentem oprimidos pelos filhos, que crescem com um poder que nunca deveriam ter.

Cássia – Mas quem lhes deu esse poder?

Maria Tereza – Quem deu? Aí entra a velha história: levados pelo medo de serem autoritários, os pais abdicam da autoridade, da hierarquia familiar. Eles fazem concessões.

Cássia – É aquilo que eu dizia antes: pelo medo de não serem amados. Eles querem ser amados o tempo inteiro. O que cria um paradoxo perverso. Quanto mais eles oferecem, menos amados são, porque aquilo de que a criança realmente precisa é um adulto que possa lhe dizer "isto não", "agora não". Mas a criança precisa saber que tem alguém no comando dessa nau desgovernada.

Maria Tereza – Exatamente, porque a criança pequena é governada pelo seu desejo; assim, ela precisa ter alguém para tomar conta disso até que ela o consiga fazer por si mesma. Se não, vai bater no rochedo, rapidinho.

Cássia – Ela precisa de alguém que a cerque. Porque a sensação que uma criança que se joga no chão do supermercado, ou na loja de brinquedo, tem é que ela vai se desmanchar de tanta fúria, e a fúria é física. "Eu vou me acabar, eu me jogo porque eu..." Se ela não tiver um adulto com quem possa contar, que física ou afetivamente a junte de novo e diga: "Pode parar", ela se desmancha. Agora, se é um adulto que vai sentar e explicar: "Meu filho, se mamãe pudesse, mamãe daria, mas mamãe não pode", a criança volta a espernear.

Maria Tereza – Como não pode? Se pudesse, daria? A ideia é dar tudo, não é? Dar o mundo.

Cássia – Não vai poder dar, e com essa fala se desculpa, se encobre.

Maria Tereza – E não tem conquista nessa história.

Cássia – Nenhuma. "Então me ame, me ame muito, mesmo que eu não dê tudo o que você gostaria, porque sou uma vítima. Porque, se eu pudesse, compraria." E voltamos àquela questão do medo que os pais podem ter de perder o amor do filho.

Maria Tereza – Eles evitam dizer o não que é tão necessário. Não querem permitir que haja a frustração, também tão essencial. O que faz a civilização é exatamente a coragem de dizer não, de frustrar.

Cássia – Por terrível que possa soar isto que vou dizer, quem tem que ter medo de perder o amor são os filhos, e não o contrário. Os filhos é que devem ser levados a considerar os princípios de corresponder à lei, à ordem que seja instalada pelos pais ou pela sociedade. Não são os pais que devem ficar reféns do "não vou dizer, porque senão ele...".

Maria Tereza – Penso assim: a criança pequena é naturalmente impulsiva. Quando estudamos a formação do cérebro, vemos que, na criança pequena, o chamado "cérebro emocional", constituído pelas estruturas do sistema límbico, é o que predomina. Gradualmente, as funções do córtex cerebral vão se estruturando e se solidificando: é o que nos permite raciocinar, planejar, pensar logicamente. Por isso, a criança pequena funciona na "lei do desejo" e precisa dos limites para aprender a tolerar a frustração, fazer escolhas e renúncias, ter capacidade de superar obstáculos e paciência para desenvolver suas habilidades, ser capaz de cuidar bem de si mesma. O que constrói essa autorregulação? É a frustração, pelos limites bem colocados. E também a capacidade de reflexão e de questionamento. "Por que não posso ter isso? Por que não posso fazer aquilo?" "Vamos pensar: por que não vai poder ter isso? Por que não vai poder fazer aquilo?" A própria criança vai construindo um raciocínio. E, por meio dessa reflexão, dessa capacidade de pensar, ela vai se controlando, vai conseguindo esse ganho sobre a impulsividade. Assim, fica mais fácil educar para o consumo consciente, entre outras coisas. Quer dizer, isto aqui é possível, isto aqui não... Isto aqui não é necessário, isto aqui não é relevante.

Cássia – E tem também o momento certo de conversar. Fico muito aflita quando vejo pais palestrando para os filhos. E não é nem palestrando propriamente, mas, sim, querendo convencer os filhos de que, dadas as circunstâncias, "eu tenho que lhe dar essa ordem".

Maria Tereza – Como se estivessem pedindo desculpa.

Cássia – Exato! "Você vai ter que tomar banho, porque, sabe, meu filho, eu não posso fazer nada, tenho que educá-lo. Se eu pudesse, não educaria, mas... Você sabe que estou sendo levada a isso. Você compreende o meu lado?" São explicações imeeeensas... E as crianças são tão bonitinhas. Porque, quando as conversas se tornam muito longas e cheias de explicação – isso é comum nas famílias e nas escolas também –, elas fazem alguma pergunta que não tem nenhuma relação com o assunto, que é para deixar bem claro que não estão prestando a menor atenção ao que a mãe, ou o professor, está falando. Elas já se desligaram do assunto há muito tempo.

Maria Tereza – Claro, porque falar demais é ineficiente. Não dá para registrar tudo o que é dito.

Cássia – É inócuo e inadequado. Então, nós, pais, precisamos compreender que vem no nosso pacote, no contrato que assinamos quando os filhos nascem, o fato de que muitas vezes eles vão dizer que somos seres desagradáveis.

Maria Tereza – Do ponto de vista deles, somos os piores pais do mundo no momento em que os frustramos.

E quando vemos outros tipos de composição familiar, isso fica ainda mais intenso. Por exemplo, os pais separados: "Na casa do meu pai eu faço tudo o que quero e aqui em casa você é muito chata, não me deixa fazer nada". É uma cisão comum: um dos genitores fica na lei do desejo, e o outro fica na prática do dever, da construção da personalidade. Aliás, o casal não precisa nem ser separado. Para um dos cônjuges ser o "bonzinho", o outro assume o posto do exigente, do tirano...

Na sociedade de consumo não pode haver saciedade

Cássia – Ah, essa questão do consumo, da confusão entre desejo e saciedade... Você acha, Maria Tereza, que em algum momento estamos satisfeitos, pensamos que tudo está bom e não temos desejo algum nos inquietando? É impossível!

Maria Tereza – Sim, porque na sociedade de consumo não pode existir a saciedade. O indivíduo tem que viver no contínuo giro rápido do desejo não satisfeito, para que ele possa buscar mais e mais... E isso é o que faz funcionar uma sociedade de consumo.

Cássia – Por outro lado, o que nos mantém vivos é a insaciedade, é a falta. É isso que empurra a vida, a humanidade: é saber mais, é conhecer mais, é encontrar a solução, é a busca.

Maria Tereza – A falta poderia ser transformada em reflexão, não é?

Cássia – Vários filósofos, por exemplo, questionam o sentido da falta, o que fazemos em relação a ela. **Platão** e **Aristóteles** escreveram muito sobre isso. Refletir sobre a falta é uma maneira de lidar com ela; a outra é se entupindo de coisas.

Maria Tereza – Achando que a falta vai acabar.

Cássia – Mas não vai! A falta está, a falta é e a falta sempre estará. Ela é do humano. A questão é: ou encaramos a falta e damos um jeito de lidar com ela, ou fazemos de conta que ela não existe ou que ela é capaz de ser preenchida. E aí é um autoengano.

Maria Tereza – É onde entra a questão do consumo, achar que é possível preencher aquela falta e produzir uma saciedade. Esse aspecto que você levantou, Cássia, é muito interessante. Quando alguém fala assim: "Estou satisfeito comigo mesmo e não quero mudar mais nada", significa, como se diz popularmente, que "ele morreu e esqueceu de deitar".

Estamos em permanente evolução. Sempre tem mais alguma coisa que vamos desenvolver, mais um aspecto do nosso ser que precisamos trabalhar melhor. Quando o indivíduo considera que está em uma relação ótima, perfeita, maravilhosa, na verdade ela morreu. A relação viva é necessariamente imperfeita, uma "obra em progresso". Aliás, falávamos sobre a revisão da questão do consumo; mas a relação entre pais e filhos, durante a vida toda, é uma relação de revisão também.

Cássia – É verdade.

Maria Tereza – O que eu vivi como filho, como filha, o que estou vivendo agora, cuidando de um filho ou de uma filha, o que é que o crescimento desse indivíduo está fazendo comigo? Porque eu também estou mudando como pessoa à medida que acompanho o crescimento dele.

Cássia – Isso é belíssimo.

Mas aí voltamos para aquele raciocínio que estávamos desenvolvendo no início deste livro, quando o casal, antes de se casar e ter filhos, estabelece como meta deixar o apartamento pronto, pago e decorado. Não é só mobiliado... as coisas vão tomando uma proporção maior, as exigências se avolumam. A casa tem que estar perfeitamente decorada, o carro pago, tudo perfeito. E aí, quando chega o filho, essa "pessoinha" acorda nos pais sentimentos, lembranças, emoções, e eles têm que estar vulneráveis. Ter filhos é estar vulnerável. Assim, os pais estarão vulneráveis ao que é despertado dentro deles, vulneráveis ao que vem deles, e prontos para se encontrar nesse processo de mudança...

Maria Tereza – Vulneráveis no convite a uma reflexão, a mudanças, a desafios...

Cássia – Para isso, é preciso estar aberto ao que venha do outro também.

Maria Tereza – Ao não saber. Porque aquela história: "Ah, vou adiar a maternidade porque tenho que estar preparada", isso não vai acontecer. Sempre haverá o elemento surpresa, que exigirá flexibilidade.

Cássia – Assim, aquele casal só vai somar uma ansiedade ao ideal da perfeição: "Bom, agora que eu esperei até os 45 para ter um filho, agora vai!".

Maria Tereza – E não vai.

Cássia – Há quem pense que façam os pais o que fizerem, vai dar tudo errado. Mas eu penso que, de maneira geral, vai dar certo.

Maria Tereza – Digo para os pais assim: "Maternidade, paternidade é um balanço de débitos e créditos. O importante é tentar ter mais créditos do que débitos!". Os erros acontecem, e podemos aprender com eles. Os filhos não esperam pais perfeitos, precisam de pais atentos, cuidadores e amorosos. Aprendemos com os filhos, no caminho do crescimento, na evolução da vida.

Cássia – Isso quando o aprendizado é rico. Erra-se aqui, mas acerta-se muito mais acolá. Só que pode acontecer de você não estar interessado nisso, como é o caso daquela mãe que monitora a lição da criança à meia-noite. Evidente que ela não está vendo a realidade se não é capaz de se lembrar de si mesma com seis anos.

E é tão bonito ver, no processo da evolução dos filhos, sobretudo as mães, como elas vão se lembrando. As sensações, as músicas, os cheiros, reconhecimentos... Eu me lembro, por exemplo, de quando meu filho, o Pedro, nasceu. Eu o ninava cantando uma música que para mim era muito familiar. E um dia, quando meu pai ouviu, disse que era aquela a música que ele cantava para mim. Isso é memória afetiva.

Maria Tereza – Você foi tirar essa lembrança do baú, mesmo sem ter consciência disso.

Cássia – Sim. O bonito no processo de criar os filhos é os pais irem se reconhecendo e se percebendo neles. Como os pais podem educar de maneira diferente? É buscando eles próprios fazer diferente. E essa é a volta quando conseguimos nos transformar junto com os filhos. De tal forma que, quando os filhos se transformam, nós mudamos também, e, nesse transmutar, inventamos pessoas que são diferentes, mas que reconhecemos...

Maria Tereza – E aí há uma riqueza de relacionamentos tão interessante! Vale muito mais a pena criar tempo para conviver do que ficar saindo para fazer compras.

Cássia – Sem dúvida nenhuma.

Maria Tereza – Quer dizer, a questão é assim: não vamos deixar o consumo nos consumir. Vamos abrir espaço para podermos aprofundar as relações, para o ser, o estar. Tão mais importante, não é?

Cássia – Certa vez, uma mãe me contou uma história que tem total relação com isso. Disse: "Meu filho de sete anos hoje teve prova e chegou da escola muito estressado, cansado mesmo. Então ele me pediu: 'Vamos ao *shopping* agora?', porque ele queria descansar".

Maria Tereza – Ir ao *shopping* para descansar... Que história é essa?!

Cássia – Quando escutamos isso, começamos a pesar cada palavra que vamos dizer, porque o primeiro impulso, naturalmente, seria perguntar: "Você perdeu o juízo?". Assim, depois de rapidamente equacionar, eu lhe disse: "E que tal ir ao parque? Ou ao Ibirapuera, para ele correr, jogar bola...".

Maria Tereza – Ou, simplesmente, que tal sentar-se no chão da casa e montar um quebra-cabeça com ele?

Cássia – Trata-se de uma pessoa que mora a uns 15 minutos, se tanto, do parque Ibirapuera, em São Paulo. E essa criança nunca tinha ido lá!

Maria Tereza – Mas ao *shopping* já havia ido milhões de vezes.

Cássia – E pior: o garoto, reconhecendo-se cansado de um dia na escola, já pedia à mãe que fosse ao *shopping* para descansar. Sem dúvida essa mãe é uma pessoa absolutamente consumista. É claro que a criança não tem outro referencial, além do *shopping*.

Maria Tereza – Há uma questão que me parece interessante também, sugerida por aquele exemplo a que me referi, lembra-se, Cássia? O menino que queria sair para comprar alguma coisa e, quando lhe perguntei que coisa era aquela, ele respondeu: "Não sei, alguma coisa". São muitas as crianças e muitos os adultos que entram nesse circuito do "o que é que nós vamos fazer depois?".

Cássia – Ah, sim.

Maria Tereza – É o consumo das atividades. "O que é que nós vamos fazer depois? E depois disso, o que vamos fazer? E depois?" Ninguém pensa: "Vamos estar. Vamos estar juntos, vamos curtir alguma coisa aqui, só nós". "Não, mas vamos... vamos aonde? Vamos fazer o quê? Vamos almoçar onde? Ah, e depois?" Quer dizer, é tanta coisa que preenche o dia, que preenche a pessoa...

Cássia – Que parece mais de um dia, não é?

Maria Tereza – E não tem lugar para se relacionar ali, não se constrói uma relação. Não tem lugar nem para pensar, de preferência. Não se pensa, não se reflete, não se questiona.

Cássia – Nisso, as escolas têm um papel também, e, aliás, sem nem imaginar. Porque os professores têm planos de aula. Então, de tal hora a tal hora é isso; de tal hora a tal hora é aquilo... Deu 15 minutos, muda de atividade, porque alguém disse que uma criança não suporta a mesma atividade mais do que 15 minutos. Então, muda tudo.

Essa é uma das minhas implicâncias. É impressionante ver televisão na França, por exemplo, que é um país de reflexão. Podemos assistir a documentários de três horas, sem intervalo – três horas e tem audiência!

Maria Tereza – Aqui é tudo em ritmo de videoclipe. E os canais infantis? O volume é muito mais alto do que os outros programas, o barulho é estressante e tudo é muito rápido. As crianças gritam demais hoje em dia. Às vezes ficamos atordoados diante da TV, mas é só compararmos um filme francês, por exemplo, com um filme americano e podemos ver a diferença, Cássia. Nossa, o ritmo é frenético...

Cássia – Eu me lembro de um canal, acho que era alemão, que tinha uma particularidade: quando acabava a programação, eles transmitiam carneirinhos pulando.

Maria Tereza – Não existe essa coisa calma na programação americana.

Cássia – Não, não há. É por isso que eu implico com o "todo mundo". Quase tudo que começa com "todo mundo" esconde alguma coisa mal amarrada, para não dizer estúpida. Por que todo mundo? Não, não é todo mundo que é assim. Exatamente, porque como é que tantos países têm audiência para esse tipo de programação, e as crianças são mais calmas... Há alguns anos fiz uma visita à Escola da Ponte, do **José Pacheco**, em Portugal. E a escola é muito silenciosa. Bom, ele não inventou isso. A escola montessoriana já era assim. **Montessori** descobriu que as crianças têm um ritmo próprio, e se deixarmos que elas sigam esse ritmo, elas ficam completamente ordenadas. As crianças tendem ao silêncio, à reflexão, isso é muito interessante. Elas tendem à calma. Os adultos é que fazem essa confusão.

Nessa visita, havia alguns diretores de escola, donos de escola. E no final o comentário era: "Não gostei, é uma escola muito triste. Não se escuta barulho de criança. Na hora do recreio, não se ouve grito, ninguém corre, ninguém...". Esse é o tipo de associação que se faz: crianças conversando, andando... Não, isso não é normal.

Maria Tereza – Tem que ser hiperativo? Entupir-se de coisas e de atividades para não pensar, não estar consigo mesmo nem com os outros em silêncio criativo? Isso revela o medo do vazio, do tédio, da falta de substância...

Cássia – Realmente, tem que ser hiperativo. Há essa confusão clássica de **Einstein**, essa bobagem que se propagou durante décadas, de que ele era um péssimo aluno e um dia virou genial. A realidade é o exato oposto, ele sempre foi um excelente aluno etc. Mas é o mesmo raciocínio com criança que me impressiona sempre. Dizer que criança inteligente é essa criança viva, é uma criança esperta, é uma criança que não para quieta... Nada disso, é o oposto.

Maria Tereza – Uma criança que está ali brincando com seus brinquedos, calma, tranquila, refletindo...

Cássia – ... é a criança mais inteligente. Porque é uma criança que está concentrada, que tem espaço de concentração.

Maria Tereza – Que já pode mergulhar dentro de si mesma.

Cássia – Exatamente.

Maria Tereza – Penso que há um pavor de muitas pessoas, de fazer esse mergulho em si. Então, recorrem ao consumo, que é uma forma de preenchimento. É uma necessidade de preenchimento muitas vezes, até em razão do *american way of life* que importamos, é a necessidade de manter o ritmo. Ou a pessoa está produtiva o tempo inteiro, ou está consumindo. Se não está consumindo, está comendo, que é também uma forma de consumo. E se a pessoa reserva um tempo para o lazer, não raro surge um sentimento de culpa.

Cássia – Isso, como você disse, é a nossa cópia tosca da maneira americana de viver. Porque a maior parte do mundo vive de outra forma. Nós é que estamos nessa brincadeira: o que é triste, porque toda cópia é um pouco triste. Mas trata-se de uma cópia que, infelizmente, se esqueceu de uma parte muito importante na cultura americana, que é a pessoa se colocar em pé, descobrir qual é o seu talento e ir atrás dele. Nós ficamos com a pior parte, que é a do consumo. Eles consomem muitíssimo, mas também têm muito forte dentro de si essa disposição, esse ânimo de ir, de fazer, de acontecer; é uma crença neles próprios que nós não aprendemos. Ficamos só nessa história do consumo.

Maria Tereza – Que é paupérrima.

A influência dos amigos e da propaganda

Maria Tereza – Ao pensarmos nas influências que a criança sofre no que diz respeito ao consumo, observamos facilmente que os amigos influenciam, e muito.

Cássia – Penso que influenciam a partir de um ponto. A minha experiência mostra que até por volta dos oito anos, quando a noção de grupo não está muito presente, os pais ainda são a principal referência. A criança chegar em casa e dizer que o amiguinho tem uma casa maravilhosa, ou que o pai dele tem um helicóptero maravilhoso, é uma manifestação de admiração. Ela não inveja aquilo, não deseja aquilo; ela reconhece o fato como algo extraordinário. Da maneira como vejo o assunto, quem reage mal são os pais.

A partir do momento que o grupo vai ganhando importância, mais ou menos aos nove anos, realmente ele começa a compor uma identidade própria, e aí sim a criança fica muito mais suscetível. Então, ela quer se identificar com os colegas. Todo o seu grupo, todo o seu mundo, usa essa mochila, usa esse tênis, usa o celular... Ela precisa ter, naquele momento, as coisas do seu grupo. Isso aconteceu comigo, com você, Tereza, com todo mundo.

Maria Tereza – Estava conversando sobre esse assunto com a minha filha, que nasceu em 1974. E aí ela me perguntou:

"Lembra quando eu era adolescente? Havia uma determinada marca e eu queria a mochila, o cinto, e não sei mais o quê...?". Lembro-me perfeitamente bem.

Cássia – Todo mundo passou por isso.

Maria Tereza – Claro. Porque era a pressão do grupo.

Cássia – Na idade da pedra, há de ter tido alguma cobrinha, alguma pelezinha que fazia sucesso...

Maria Tereza – Que estava na onda.

Cássia – Pois é, isso também é criar identidade, é você saber que pertence ao grupo. E não há nada de errado nisso.

Maria Tereza – Porque justamente a adolescência é essa passagem. A identificação com o grupo passa ao primeiro plano: curtir as mesmas músicas, os mesmos programas, ter roupas e objetos das marcas cultuadas por seus pares. A família deixa de ser a referência principal. Na tentativa de se diferenciar das pessoas da família, muitos adolescentes tornam-se extremamente críticos, marcando posição pela oposição. Como disse um adolescente ao vendedor da loja no momento em que escolhia uma camiseta: "Se meus pais gostarem, posso voltar aqui para trocar?". Gostar das mesmas coisas passa a ser uma ameaça de se confundir com eles. No entanto, esse mesmo adolescente passará a se vestir ou a se comportar exatamente como as pessoas do seu grupo, por essa necessidade de identificação, nessa passagem para a construção de uma identidade própria.

Cássia – Tudo pode ficar diferente quando uma criança que diz "eu quero essa mochila porque todos os meus amigos têm" encontra pais que, ao ouvirem isso, se lembram de que também eles passaram por essa fase: "Eu me lembro perfeitamente de como era isso, e, talvez, possa até conceder ao meu filho não tudo o que ele está pedindo, mas posso reconhecer que há algum sinal que ele me entrega nisso. Posso dizer-lhe, talvez, que no seu aniversário ele poderia pedir o tênis ou a mochila ou alguma coisa". E não há mal nisso.

A outra coisa, que é diferente e fica muito mais complicada, é alguém jogar sobre essa fase o manto escuro do consumismo e dizer: "Todas as crianças são consumistas". Esse manto, que desconhece as especificidades das fases do desenvolvimento infantil e atropela as particularidades de cada criança, é que cria o problema. Sob esse manto, as crianças estão convocadas a pedir aos pais o que lhes passar pela cabeça. E os pais, a ceder.

Ora, eu quero uma porção de coisa, você, Maria Tereza, certamente também quer... Brinco até que eu, por exemplo, quero um dúplex na Champs Élysées... E não vejo o mundo se mexendo por causa disso. Mas o fato de que as crianças queiram tudo não significa que elas devam ter tudo. Desejar, porém, não é proibido. Pode desejar à vontade. Desejar ter o que o grupo tem não causa mal algum. O mal é os pais não suportarem que a criança não tenha tudo o que ela pede.

Maria Tereza – Claro, o desejo tem o seu lugar. Entretanto não é lei ter que satisfazer todos os desejos.

Cássia – Exatamente.

Maria Tereza – Nem é missão dos pais satisfazer todos os desejos dos filhos. Aliás, há até aqueles filhos que insistem com os pais para adquirir algo que viram em uma propaganda.

Cássia – Pois é, e as propagandas são feitas pensando nisso, sem dúvida nenhuma. É muito mais fácil convencer uma criança que vê a propaganda coloridinha e acha que, portanto, o carro é legal, do que convencer um adulto sobre aspectos como potência do produto, manutenção, economia... Isso é muito mais complicado e racional. Então, o foco é convencer as crianças. É o que discutimos antes: essa é a intenção da publicidade. Isso não significa que as crianças tenham maturidade para tomar essa decisão. É absurdo dar a uma criança esse poder. Já ouvi histórias de pais que perguntam aos filhos se eles devem comprar um determinado apartamento.

Maria Tereza – Isso é real, acontece. Sem dúvida, tem uma influência. Li certa vez um trabalho americano sobre a questão da publicidade, do papel da criança na alta do consumo. Acreditam no "poder da insistência infernal", ou seja, aquela criança fica lá insistindo tanto, tanto, até que consegue. O "compra esse carro" é um exemplo extremo. Mas, se vamos com uma criança ao supermercado, o que acontece? A publicidade vai focalizar muito a questão do consumo da comida, e obviamente da comida não nutritiva. Ninguém vai gastar rios de dinheiro para a criança comer brócolis. A publicidade, entretanto, estará focalizando aquele biscoito cheio de corante, porque tem aquele bichinho, porque tem um brinde ou qualquer atrativo do gênero. Essa criança que vai ao mercado com os pais influencia as compras, com certeza. "Eu quero esse biscoito, eu quero aquele salgadinho, eu quero isso, eu quero aquilo, senão eu vou fazer um escândalo aqui dentro, aí os meus pais vão ficar superconstrangidos." O que acontece? A criança, desde muito cedo, tem uma percepção de onde ela está nos relacionamentos. Ela sabe o que pode fazer para conseguir o que quer, ela pode insistir três vezes que a vovó vai comprar o que ela quer.

Certa vez, uma criança de nove anos me disse assim: "Sabe o que eu preciso fazer para o papai me comprar uma boneca nova?". "Não, o quê?" "Duas 'lagriminhas'."

Cássia – Duas o quê?

Maria Tereza – Lagrimazinhas.

Cássia – Opa!

Maria Tereza – Era a fórmula do poder. Na medida em que ela chorava e desciam duas lágrimas, o pai comprava o que ela queria. Então, é claro que a criança vai ter uma noção muito grande...

Cássia – Claro, crianças pequenas sabem disso, bebês também.

Maria Tereza – Ela é bem capaz de pensar a quantas anda o seu poder. E ela vai agir...
Isso tem influência até no consumo da população de baixa renda. Quantas vezes uma família economicamente pouco favorecida também sofre pressão para reservar uma parte do seu orçamento destinado aos alimentos para comprar o biscoito recheado que não tem valor nutritivo algum. Isso passa, inclusive pela questão da obesidade infantil, que está aí, desafiando todos...

Cássia – No meu trabalho, tenho insistido muito nisto: a publicidade se deu conta desse lugar central que a criança, em razão de uma interpretação equivocada da psicologia, assumiu na família...

Maria Tereza – ... e dos sentimentos de culpa.

Cássia – De tudo, enfim. Pegaram tudo, puseram no liquidificador e bateram, resultando nesse mal-entendido. Quando alguém fica tentado a comprar o carro que a filha está indicando, o problema não é comprar o carro só. É pior do que isso! Porque o que a criança entende é o seguinte: "Não é possível que essas pessoas vão ceder ao que eu quero. Não acredito que eu, com duas lagrimazinhas, consiga isso! Se com duas lagrimazinhas eu ganho esse povo, é porque eles são tontos demais. E, se eles são tão tontos, quem aqui é que vai tomar conta de mim?". Olhe a angústia que é isso!

Maria Tereza – É a sensação do desamparo. É angustiante a criança sentir que tem mais poder do que os adultos da casa.

Cássia – Desamparo total, a criança fica completamente perdida. Essa agitação da criança, essa sensação que não controla... É uma ansiedade de quem não consegue ter alguém que, como dissemos antes, contenha os seus desejos. Que diga: "Olhe, com 11 anos você pode, quando muito, escolher as suas coisas". Essa é uma decisão importante! Não significa que você não possa chamar a criança e levá-la para ver o carro e até perguntar sua opinião. Isso é uma coisa. Decidir é outra.

Há alguns anos, conheci uma família que viveu o seguinte processo, para vermos que tem coisa pior. Na casa havia um bar: erro número um. O pai todos os dias chegava do trabalho e chamava o filho, de cinco anos, para tomar uma cerveja.

Maria Tereza – Uau!

Cássia – O pai bebia uma cerveja, o filho bebia uma cerveja sem álcool: erro número dois. Então, ficavam ali bebendo uma cerveja os dois.

Maria Tereza – Os companheiros.

Cássia – O pai superamoroso, entendeu?

Maria Tereza – Amigão do menino.

Cássia – E aí o pai contava para o filho não apenas os problemas do trabalho, mas chegava também a discutir um pouco sua própria relação com a mãe: erro número três. Isso é rigorosamente verdadeiro. E a criança dava conselhos ao pai! Essa criança, evidentemente, fazia xixi na cama.

Maria Tereza – Claro, estava sendo o pai do pai...

Cássia – Porque o sono era o momento em que ela relaxava. Imagine a tensão que sofre uma criança nessa situação, quando não sabe ainda nem o básico do básico sobre a vida. Os adultos conferem a ela um poder totalmente impróprio e dizem: "Sabe o que mais? Você é a pessoa mais qualificada desta família para decidir qual carro iremos comprar". Isso é cruel, é covarde.

Maria Tereza – É exatamente essa a questão da reversão da hierarquia. Coloca-se a criança no lugar do adulto e o adulto fica infantilizado.

Cássia – Exato. E não poucas vezes ele passa a se vestir como adolescente também...

Maria Tereza – Aliás, é verdade que as crianças estão consumindo mais roupa do que brinquedo? Os brinquedos estão bastante limitados, atualmente, acho que muitas vezes restringem-se aos jogos eletrônicos. Essa coisa do eletrônico hoje está dominando. E as roupas, a erotização precoce é um assunto sério.

Cássia – De novo, aqui, no nosso cenário brasileiro. Na França, na Europa de maneira geral é completamente diferente. Em boa parte da Ásia e da África também. Esse é o nosso modelão.

Maria Tereza – Por aqui, ainda se dá força às crianças, embora pequenininhas, para usarem maquiagem e sapatinho de salto. Festas de aniversário podem acontecer em salão de cabeleireiro: crianças de seis ou sete anos fazem escova, pintam as unhas...

Cássia – Isso quando a festinha não acontece em boate!

Maria Tereza – Quer dizer, é um miniadulto. Cadê a infância? Cadê a criança que brinca?

Cássia – E aí, voltamos àquele ponto: que adulto queremos formar? Os pais precisam prestar atenção na criança que têm. Se uma criança de cinco, seis, sete anos tem festa em boate, tem festa no cabeleireiro, o que ela vai querer daqui a pouco? Que pessoa é essa? A indústria de brinquedos, Tereza, cresceu algo como mais de dez vezes nas duas últimas décadas. Aumentou enormemente. De toda maneira, felizmente, ainda, creio eu, se perguntarmos para a maior parte das crianças se elas querem roupa ou brinquedo, elas vão responder que querem brinquedo. Ainda resta essa esperança.

O que me parece é que os adultos adultizam as crianças. Quando alguém diz assim: "Minha filha de três anos tem tanta personalidade! Ela sabe exatamente o que quer da vida" – e isso é muito frequente! –, provoco: "É mesmo? Olhe, eu acredito nisso que você está dizendo que percebeu, acredito mesmo. Mas a boa notícia é que toda criança de três anos tem muita personalidade, exatamente porque não tem nenhuma. Nenhuma". O que acontece com uma criança de três anos, e você conhece isso muito bem, Tereza, é que ela se torna muito mais fluente. Seu vocabulário expande e ela começa a argumentar muito mais. Os pais confundem isso com adultice. Há alguns anos, se a menina dissesse: "Eu quero usar só a roupa da marca tal", provavelmente os pais responderiam: "Nem pense nisso! Desapegue-se dessa ideia, porque você tem 15 irmãozinhos". Quando as famílias eram maiores, era impossível para os pais comprarem tudo o que os filhos queriam.

Maria Tereza – Não apenas por conta do grande número de filhos, mas também porque os pais não giravam em torno dos desejos das crianças. Estas nem ousavam interromper a conversa dos adultos. Agora...

Cássia – Agora o casal tem um, dois filhos. Parece que está entrando na moda ter três, quatro filhos, o que também é outro modelo americano. É impressionante como fazemos isso. Há uns bons anos, nos Estados Unidos, voltou essa moda de ter muitos filhos, e nós estamos adotando esse padrão também.

O fato é que a diminuição do número de filhos e a entrada da mulher no mercado de trabalho, o que dobrou a renda do casal, possibilita que os pais deem, favoreçam muito mais, seja roupa, seja brinquedo. Mas acho que as crianças ainda preferem os brinquedos.

Maria Tereza – E se houver brinquedos de madeira e papel, nada eletrônico, nada movido a pilha, elas vão questionar para que servem, como se brinca com aquilo...

Cássia – É. Crianças são tão sábias que dizem tudo aos adultos: o que elas estão sentindo, aquilo de que precisam...

Maria Tereza – O problema é o adulto escutar.

Cássia – Exatamente. Por exemplo, uma festa de aniversário, ou o dia seguinte depois do Natal. A casa está inundada de presentes, e a criança sai correndo e sacudindo uma fita. Ou sai deslizando dentro da caixa do presente. Isso é um *outdoor* que a criança apresenta, dizendo...

Maria Tereza – "Eu não preciso de tanta coisa."

Cássia – É o que ela está comunicando aos pais: "Entenderam? Entenderam? Eu não preciso de tanta coisa, eu não preciso". As crianças dizem isso. E então voltamos àquele ponto inicial: a questão é ouvir. Se ouvirmos as crianças, entenderemos o que elas estão dizendo.

E vamos deixar que as crianças desejem. É por isso que eu fazia, inicialmente, aquela distinção entre vontade e desejo. O desejo é fundamental. É necessário deixar que a criança deseje. Deixar que ela deseje o que vai ganhar no aniversário, e fique esperando e sonhando um mês, dois meses, três meses...

Maria Tereza – Acho que este é um tema fundamental: nutrir o desejo.

Cássia – Exato.

Maria Tereza – Nutrir o desejo, porque muitas vezes a família, mal a criança expressa um desejo, já se apressa para satisfazê-lo. É necessário que haja um tempo de espera até para desenvolver a imaginação.

Cássia – É levar à vontade, ao sonho...

Maria Tereza – Se essa vontade for atendida prontamente, a criança não tem a oportunidade de nutrir o desejo pela espera. Porque aquele objeto almejado... é preciso desejá-lo na mente. E a criança vai esperar, vai curtir, vai se imaginar com ele.

Cássia – Ela vai até mudar de objeto, vai trocar a cor.

Maria Tereza – Até essa história vir a se concretizar, há o tempo da espera, que é o tempo da maturação do desejo e da nutrição desse desejo, porque senão isso também vai se irradiando para outras coisas. E quando chega a adolescência, o que fazer com o desejo sexual, por exemplo? Transar rápido e sem proteção, sem pensar nas consequências, sem dar tempo para conhecer o outro melhor?...

Pois o que acontece também na cultura do consumo? Os objetos são temporários e precisam ser rapidamente descartados. E cito aqui de novo Zygmunt Bauman, de quem gosto muito, que diz assim: esse modelo foi passado para as relações. Então, as relações também são rapidamente descartáveis, porque não existe a nutrição do desejo.

Um aspecto muito ligado à adolescência é a cultura do "ficar", ou seja, o consumo de pessoas, de relações. Quantos adolescentes já me disseram isto: "Saí sábado à noite, 'peguei' quatro, 'peguei' cinco. Depois, fui descartando os números de telefone, fui ligando, não interessou". Quer dizer, jogam fora a pessoa, jogam fora a relação. Não é nem simplesmente jogar fora, mas abortar, porque tais adolescentes não tiveram nem tempo de gestar nada daquilo. E as relações também vão passar por um giro rápido. É defeito de fabricação no celular, é defeito de fabricação na pessoa com quem se está há duas semanas. Qualquer coisinha, essa pessoa já não serve mais.

Cássia – É assim mesmo. E vale para o casamento também. Casamento que não resiste à primeira crise...

Maria Tereza – É a obsolescência dos objetos e das relações. É o que chamamos de prazo de validade: "Essa relação aí, ah... Dois anos, já estou há muito tempo com essa pessoa, está na hora de mudar!".

Cássia – Na primeira discussão a pessoa chega à conclusão de que a outra não era nada do que imaginava ou queria. "Não sei quem é você, não sei o que eu quero disso aqui..." Não é possível: há quanto tempo se conhecem que não chegaram a essa conclusão antes!? Porque há uma expectativa, essa da completude, do Éden. Os filósofos, os líderes religiosos, todos eles inventavam maneiras de falar sobre isso como superação. Agora, nós aqui... Insisto, Maria Tereza, não é em todos os lugares do mundo que as coisas se passam assim. É neste pedacinho muito pequeno do mundo que estamos convencidos de que é possível viver no paraíso, já e todo dia: pela manhã, à tarde e à noite. E se essa completude não acontecer, tem algo errado. Não por acaso, hoje em dia tudo é descartável.

Maria Tereza – As coisas, nos dias de hoje, não foram feitas para durar.

Cássia – Essa cultura da obsolescência, que nos leva a substituir logo uma coisa por outra mais moderna, mais aparentemente vantajosa, está muito sólida. Nem se trata apenas de substituição de coisas, mas essa obsolescência, de que falamos, invadiu o terreno das relações.

Maria Tereza – Pois é, nada é feito para durar. Máquina fotográfica hoje, de ponta, é usada por três anos e já se fica esperando que ela deixe de funcionar. E vale para as relações também. Aliás, se compramos algum produto eletrônico, ou até um relógio, por exemplo, geralmente descobrimos que, em caso de defeito, não vale a pena mandar consertar. Fica mais barato comprar um novo.

Cássia – Não se manda mais sapato para o conserto. Tudo é descartável! Ninguém conserta mais as coisas, jogam-se fora.

Maria Tereza – E isso gera um lixo planetário infindável.

Cássia – É interessante porque, ao mesmo tempo, há, em outros tantos lugares do mundo, movimentos contrários a essa maneira de proceder. Por toda a Europa existem movimentos muito interessantes em relação ao tempo e a tudo isso. Por exemplo, a criação de moedas solidárias, moedas alternativas... Só na Europa são mais de 180 moedas de troca.

Maria Tereza – Aqui no Brasil, acho que já há cerca de cento e poucas moedas alternativas também.

Cássia – É, são movimentos muito interessantes.

Maria Tereza – São situações que estão começando a acontecer, o que indica uma revolução de consciência. Ainda está muito incipiente, mas é uma revolução de consciência que diz que este modelo em que nós estamos não dá mais, esgotou. O planeta não suporta mais. Se não mudarmos o padrão de consumo, estaremos liquidados.

A ilusão do crédito

Cássia – O que vemos hoje, seja para suprir as vontades dos filhos, seja para suprir as próprias vontades, é uma população absurdamente endividada.

E o que fazer com a educação dessas crianças que foram convencidas de que elas são o centro de todo o consumo, o centro das famílias e de que agora têm acesso a tudo?!

Maria Tereza – Em entrevista, Bauman toca nesse ponto de maneira genial. Diz que nós fomos da poupança ao cartão de crédito. E conclui: "Nós hipotecamos o futuro". É impressionante, não? E como agora estamos sempre com o cartão de crédito, quando recebermos, já teremos uma boa parte do salário comprometida, algumas pessoas, 10%, outras, 30%.

Cássia – Gosto muito de uma ideia que diz que na vida temos que viver como se tudo fosse dar certo, mas temos que estar preparados para o caso de tudo dar errado. Fico muito preocupada quando vejo jovens de 18 anos, de baixa renda, com cinco cartões de crédito.

Maria Tereza – Exatamente, pois há lugar para o desejo sem precisar esperar algum tempo antes que ele se concretize. "Está aqui o cartão de crédito, você não precisa nutrir o desejo de juntar o seu dinheiro para daqui a cinco ou seis meses comprar o que quer à vista." Pagaria muito menos, mas o filho fica seduzido por isso: "É só uma prestaçãozinha aqui que vai dar".

Quando você, Cássia, fala nesse endividamento do jovem, penso na outra ponta também e encontro o endividamento dos idosos, principalmente com os créditos consignados. Há muitos idosos se endividando por não conseguirem dizer não aos filhos e netos. São tantos os desejos de consumo que eles estão se endividando tragicamente e não conseguem dizer "não, não vou mais pagar isso".

Cássia – Interessante que esse sempre foi um crédito reprimido, e, de uma hora para outra...

Maria Tereza – Crédito liberado.

Cássia – Nesses momentos é que o assunto de educação financeira transborda, mas está cheio de gente confundindo educação financeira com "faça essa gente pagar".

O sujeito bem-educado em relação ao dinheiro não é apenas aquele que paga as contas em dia; é o que sabe fazer escolhas. A orientação das lojas é que o vendedor leve o consumidor a comprar, ainda que pague em 36, 48, 72 vezes, e a preços exorbitantes. Na hora de vender, o vendedor é orientado a "empurrar" tudo o que for possível para o comprador – e nessa hora é claro que o lojista não acha que o cliente precisa de educação financeira. Acontece que o cliente está endividado com essa loja, mas também está devendo para fulano, para sicrano etc. Na hora do acerto de contas – a loja não se engane –, o devedor vai pagar primeiro o pessoal do bairro onde ele mora. É por isso que o tema de educação financeira nos últimos anos está associado ao crescimento da inadimplência no Brasil. Mas a verdade é que educação financeira é muito mais que ensinar a pagar as contas em dia. É levar a pessoa a se dar conta das escolhas que faz.

Maria Tereza – É, e as escolhas sempre estão acopladas às renúncias. Para escolher alguma coisa, a pessoa vai ter que renunciar a outra. Essa percepção é importante, porque ela dá a dimensão de que não existe lugar para todos os desejos.

Cássia – Sem essa percepção a pessoa vai se achar merecedora de tudo, tudo o que há no mundo ela merece. Então, aqui está o cartão de crédito... um, dois, quantos ela quiser.

Maria Tereza – Pode gastar à vontade. E aí são escolhas. É assim que vejo essa questão até, por exemplo, num hábito pessoal: não saio com cartão de crédito nem com talão de cheques. Por quê? Não vou sair para comprar alguma coisa, então não são necessários.

Cássia – Quanto a mim, até por um dever de ofício, preciso ser assim. Tenho desenvolvido um trabalho sobre esse tema na África e em vários países. Na África tem sido uma experiência muito interessante. Lá, até o final do século XIX, vivia-se basicamente de escambo. O dinheiro, em tal panorama, é uma novidade. E, Angola, especificamente, passou por 35 anos de guerra. O país é muito rico, porque tem petróleo, diamante, mas a população é miserabilíssima, menos de 10% das pessoas têm acesso ao banco. Então, as relações que elas estabelecem, no que se refere à poupança e ao crédito, são todas em grupo. É muito interessante!

Maria Tereza – E as trocas, não é? O que eu tenho que posso lhe dar, o que você tem que pode me dar.

Cássia – Sim, nas comunidades mais pobres a troca é bastante frequente. Elas têm laços tribais muito marcados, então essa confiança de que a tribo vai honrar seus compromissos é crível, faz com que possuam um sistema de poupança e de crédito que funciona muito bem. Todos contribuem com um tantinho todo dia para essa poupança.

Lá, fiz uma série de entrevistas em que eu perguntava: "Se o banco lhe desse um dinheiro para gastar como quisesses, o que é que você compraria?". Todas as respostas indicaram duas situações apenas que para eles fariam sentido: uma, a construção da casa; e a outra, o custeio da escola dos filhos. Fora isso, houve um angolano que me disse: "A gente nunca sabe o que vai acontecer na vida. Não dá para ficar se endividando assim, sem saber o que vai acontecer". Pensei: "Que pessoa sábia!". Porque não foi atropelada ainda por esta nossa onda de consumismo. Esse é um discurso que, provavelmente, os nossos pais tinham, discurso poupador, cuidadoso etc.

Maria Tereza – A prudência e a cautela valem mais do que o impulso dos desejos imediatos. Isso é saber o que realmente importa. Não conhecemos o dia de amanhã; portanto, vamos ter um fundo de reserva.

Cássia – Não se sabe o amanhã. Exato. Esse é o primeiro parágrafo de qualquer planejamento financeiro. Mas, quando a onda de oferta de crédito varre as pessoas, isso toca um ponto escondido que insinua: "Sabe o que mais?"...

Maria Tereza – "Para que esperar? Eu tenho que aproveitar o momento." É o *carpe diem*. É a chance.

Cássia – "Eu mereço, a vida é curta. É agora." E sempre aparece uma oferta especial e única, mas que tem de ser aproveitada no momento... que é agora! E só a empresa tal faz isso por você.

Maria Tereza – O mote é esse: são as ofertas-relâmpago. É pegar ou largar. E, com o crescimento do comércio eletrônico, nem é preciso sair de casa para gastar o que não tem: basta pesquisar os *sites* preferidos para se deparar com as tentações irresistíveis.

Cássia – O momento é esse. Viva o agora. Pois é, mas acontece que o agora passa... E aí tem o dia seguinte.

Maria Tereza – O agora passa e a dívida fica.

Cássia – E alguém terá que pagá-la.

Maria Tereza – Pois é, mas isso não é dito. "Só vou viver até agora, vou aproveitar enquanto tenho crédito. Depois, é outra história."

Cássia – Voltando à distribuição indiscriminada dos cartões de crédito, a ideia é esta: "Você merece tudo. Para isso é preciso que você seja uma pessoa suficientemente irracional e impulsiva, para dar conta de consumir bastante. Mas eu quero que, na hora em que você for me pagar, você seja uma pessoa ponderada... Quero que você seja uma pessoa tão centrada, tão razoável, que você me pague direitinho"...

É totalmente esquizofrênico! Essa pessoa que tem seis cartões de crédito, que é impulsiva e que quer tudo agora, é a mesma pessoa que, na hora em que estiver endividada, vai dizer: "Problema de quem?". É a mesma pessoa! O que tem sido chamado exatamente de educação financeira é, muito frequentemente, isso. Porque há um mito, aqui no Brasil, segundo o qual pobre gosta de pagar dívida. Quem inventou isso? Isso não existe, nunca existiu. A população de baixa renda gosta tanto de pagar dívida quanto qualquer outra. O que havia era o fato de, não possuindo acesso a linhas de crédito, a pessoa ter que pagar as prestações em dia, cuidar muito bem das relações com aquela loja, com aquele determinado fornecedor, porque se perdesse aquela linha de crédito...

Maria Tereza – Estaria "queimada".

Cássia – Eu me cansei de ouvir esse argumento em eventos voltados para empresas, por exemplo, como se os setores populares, os setores de menor renda da população, fossem naturalmente dotados de uma vocação para pagar dívidas! Como se pudessem se endividar o quanto quisessem, pois eles vão pagar. Mas não vão, aliás, não estão pagando!

Maria Tereza – Não, e eis aí um problemão!

Cássia – São vários os casos que conheço, mas um deles, por exemplo, é de um rapaz de 18 anos que possuía cinco cartões de crédito, inadimplente nos cinco. Ele me contou que havia ligado para um determinado banco e dito: "Olhe, estou inadimplente, mas quero organizar minhas contas, eu não vou conseguir pagar tudo isso". E o banco, na semana seguinte, mandou-lhe outro cartão.

Maria Tereza – Outro cartão? Para pagar como?

Cássia – Lidar com dinheiro pressupõe racionalidade. O que dizíamos em relação aos filhos, essa determinação em saber que pessoa queremos criar, que pessoa queremos que o nosso filho venha a se tornar, isso pressupõe racionalidade no uso do dinheiro do orçamento doméstico, capacidade de definir as prioridades etc. Quando afirmamos que a ética do consumo se instaurou, que a publicidade joga sujo com as crianças, tudo isso é a mais absoluta verdade.

Maria Tereza – Esse é um sistema perverso, focalizado na vulnerabilidade de todos nós, que é a vulnerabilidade do desejo. É porque há uma oferta excessiva e, ao mesmo tempo, uma percepção de que é uma ação perversa, que é insustentável! Não, não vai dar certo, já podemos ter certeza disso.

É exatamente o que também penso da situação que estamos vivendo planetariamente. Quando os países ricos dizem assim: "Não, não vamos fazer acordo sobre o clima, não vamos fazer acordo sobre a emissão ou redução de emissão de coisa nenhuma", é um pensamento suicida. Sabemos que essa história vai ter que seguir em frente, mas eles não mudam. Encontramos tal pensamento nas pessoas, nas famílias, nos grupos, nos países, e verificamos isso em escala planetária. Quer dizer, que limitação é essa da nossa humanidade, que nos encaminha para a beira do abismo!? Temos que mudar e não conseguimos fazê-lo.

Cássia – Gosto muito desse seu raciocínio... Às vezes me preocupa que esses assuntos relacionados à sustentabilidade do planeta sejam tratados de uma forma quase mística, com soluções que são completamente descoladas do que se deveria fazer para que essa situação fosse equacionada com eficácia. Então, é uma iniciativa aqui, outra ali, mas todas elas ficam perdidas, sem maior fôlego. Podem até dar a sensação de que algo está sendo feito no dia a dia, mas, na realidade, em quase nada se avança.

Maria Tereza – Não está sendo feito na extensão que deveria ser.

Educação financeira

Cássia – A minha formação acadêmica é na área da ciência política, e nesse campo existe uma relação bastante curiosa entre a maneira como um povo lida com dinheiro e a atenção que ele dá à democracia. Porque, naturalmente, quando uma pessoa consegue se organizar para 5, 10, 15, 20 anos, não está interessada que apareça alguém que mude as regras todas. Se estou me organizando, preciso que as regras sejam mantidas; portanto, preciso que as coisas sejam estáveis.

Na universidade este era o meu ponto de estudo: como criar condições para que a democracia se torne um valor para o povo brasileiro? Porque até hoje cerca de 80% da população brasileira ainda é indiferente à democracia ou à não democracia; para essas pessoas, tanto faz um ou outro regime.

Maria Tereza – Ou acha que o governo militar era melhor. Pois é, existem ainda esses saudosistas.

Cássia – E aí me ocorreu a hipótese de tentar educar as crianças para lidar com o dinheiro, a fim de conseguir que elas se tornem mais interessadas pela ideia de democracia. Essa foi a minha tese inicial, há 18 anos, quando não existia, em português, a expressão *educação financeira*.

Bom, desde então muita coisa boa aconteceu. Há iniciativas muito interessantes, e outras que são desastrosas.

Os dois primeiros anos de trabalho foram um segredo que estabeleci com uma excelente escola de São Paulo, que eu conhecia muito bem. Durante esses dois anos, desenvolvi um trabalho com os professores, preocupada em que nem os pais soubessem do assunto porque eu tinha muito medo de que isso virasse alguma coisa mal compreendida ou que se transformasse em uma moda, propriamente. Só depois de dois anos, quando vi os resultados, foi que decidimos divulgar o trabalho que estava sendo feito na escola.

Como disse, de lá para cá houve muita coisa interessante, mas também muita picaretagem. O meu pesadelo quanto à possibilidade de se transformar em moda se tornou real. Quase enlouqueci, quando vi, certa vez, no *youtube* – não sei se o vídeo ainda está lá porque não quero mais ver isso; parece ter ocorrido no Sul, como se podia perceber pelo sotaque –, uma aula para adolescentes. Uma garota filma a aula com seu celular: a turma alvoroçada, voam coisas pela classe. O professor, encostado na lousa, alheio a tudo, lá na frente, olha para o relógio, esperando a aula acabar. A aluna, sentada no fundo da classe, diz exatamente o seguinte: "Esta é uma aula de educação financeira. É este lixo. Não acontece nada".

Então, temos um problema. Os pais acreditam que a escola vai dar conta desse assunto – e não vai. Porque a escola não é para isso. O papel da escola será sempre coadjuvante nessa trama. O papel principal nessa trama cabe ao exemplo transmitido pelos pais.

Maria Tereza – Tem o tema do consumo, não é?

Cássia – É. Isso já existia, é da época do **Paulo Renato Souza** no Ministério da Educação. Mais recentemente, inventaram outra moda: a obrigatoriedade da educação financeira em todas as escolas. Como se isso é que fosse salvar o país. Mas não vai. Meu ponto é o seguinte: uma pessoa para ser bem-educada em relação ao dinheiro precisa saber ler e escrever bem. Se ela não é capaz de ler um contrato, se não é capaz de ler a publicidade e compreender o que está ali, se não é capaz de ler o mundo, ela vai ser enrolada. E as escolas, é doloroso perceber, frequentemente não ensinam a ler com fluência e a escrever com correção. Há jovens que estão saindo da universidade e não sabem interpretar um texto. Então, do meu ponto de vista, se o governo quer fazer alguma coisa sobre educação financeira, devia deslocar recursos e energia para melhorar a educação do país.

O que as escolas podiam fazer sobre isso, e eu acho que fariam um belíssimo trabalho, seria, em uma manhã de sábado, por exemplo, reunir os pais e dizer-lhes algo parecido com esta conversa. "Olhe, o mundo mudou muito, a escola mudou muito, a família também. Temos esse tema do consumo para discutir, do consumo em casa, do consumo na escola. Podíamos ter uma manhã de discussão sobre esse assunto e ver, aqui, como é que nos acertamos sobre isso."

Eu disse antes que a escola vive um momento de crise: ela não sabe mais para que existe. E se há alguma coisa que a escola deveria retomar é a função de desenvolver o espírito crítico. É a função de fazer com que os alunos se tornem senhores do pensamento, para que possam perceber a falta de sentido nisso tudo, seja do ponto de vista planetário a que você se referia, Tereza, seja do *bullying* por consumo.

Maria Tereza – Pois é. Porque conversando sobre tudo isso, estamos vendo uma sociedade onde os valores estão em crise: o respeito, a ética, o cuidado com os outros, o cuidado consigo próprio. Quer dizer, o *bullying* está nessa história, porque, fundamentalmente, são ações em função da falta de respeito ao outro, de percepção do outro. E a educação e o consumo entram aí também. Melhor dito, nessa parceria entre família e escola para poder refletir: O que é essencial? O que é importante? O que é indispensável? O que não é? Como vamos construir a vida dando prioridade às relações? Como vamos construir a vida buscando ser mais do que ter? Isso significa evoluir. Estamos aqui nesta vida para evoluir como gente, para evoluir como gente dentro das relações. Não é para evoluir no patamar financeiro: se eu agora sou classe C, D, A ou Z, então eu sou mais, posso mais, porque tenho mais crédito. Cadê o crédito de gente? Essa é uma questão de reflexão.

Cássia – Pois é, essa é uma belíssima discussão para as escolas fazerem.

Maria Tereza – Junto com as famílias e junto com os alunos, não só com os pais e professores. Porque as crianças têm capacidade de refletir, elas contribuem, questionam. As crianças falam. Os adolescentes, mais ainda. E podem ser agentes de mudança. Isso poderia ser um belo trabalho de pensamento coletivo.

Cássia – E sem aquele caráter de louvação à acumulação argentária.

Maria Tereza – Sim, pois o objetivo de ficar financeiramente rico se reflete na escolha profissional. Como hoje há infinitas possibilidades de profissão, os adolescentes ficam muito perdidos no "o que eu vou ser". "Ah, eu gostaria de ser tal coisa, mas isso não dá muito dinheiro" ou "Então, vou estudar tal coisa, vou ser tal coisa porque aí eu posso ganhar dinheiro". A orientação seria esta: "Eu vou me direcionar de acordo com a minha habilidade, com a minha competência, com o meu gosto".

Cássia – Exato. Isso é educação financeira em sua forma mais pura.

Maria Tereza – Ou ainda: "Eu quero me dedicar a uma profissão, mesmo que eu a odeie, mas que vai me dar mais dinheiro". Que vida é essa que a pessoa quer construir para si própria?

Cássia – Esse é o resumo da confusão que tem havido. Educação financeira, da maneira como vejo o tema, inclui quatro grandes áreas que deveríamos aprender e, portanto, as escolas deveriam, de alguma forma, proporcionar. Uma é ensinar a ganhar dinheiro, sim, mas da maneira como você, Maria Tereza, indicou: reconhecendo o próprio talento e colocando esse talento à disposição do mundo de uma maneira criativa. Aprendendo a encontrar soluções para os problemas. É isso que faz de uma pessoa alguém que ganha dinheiro.

A segunda refere-se a ser capaz de perceber as escolhas que estão postas na vida: tem a ver com aquele bebezinho que pôde esperar lá atrás, que suportou a frustração. Inclui esperar para ter alguma coisa que deseja, abrir mão de outras, fazer escolhas. A tradução disso tudo no mundo do dinheiro será a disciplina para estabelecer um plano de poupança.

Uma terceira área compreende o aprendizado de que gastar é decidir entre prioridades, sabendo, evidentemente, que se vai perder alguma coisa.

Por fim, há algo muito especial que deveríamos ensinar aos alunos e aos filhos e que se relaciona à doação de tempo e de talento. Não de dinheiro – a doação de dinheiro é muito fácil. Mas ser capaz de *se* colocar à disposição do outro: não do que se quer dar ao outro, mas do que o outro precisa receber. Essa é uma doação que acontece na relação entre pais e filhos, e é o que precisamos ensinar às crianças. Tudo isso cimentado, evidentemente, na ideia de que todo ganho e todo uso do dinheiro deve ser regido pela mais estrita ética. Porque sem a ética toda essa conversa de consumo consciente não faz nenhum sentido. É isso que deveríamos ensinar.

Maria Tereza – Vejo aí a questão do meio, do dinheiro, do ganhar. Quer dizer, a lógica é que a pessoa queira mais, que ela queira sempre ganhar mais. E esse preço nem sempre é fácil de pagar. Mas o querer mais... é querer mais o quê? Tem que querer ganhar mais dinheiro. Mas a pessoa pode querer ganhar mais tempo. A escolha da profissão já pode dar uma indicação disso. E às vezes – muitas vezes, aliás – é difícil para os pais entenderem essa escolha...

Cássia – Sem dúvida, deve ter sido bem difícil para o meu pai quando resolvi cursar História. Porque eu me lembro dele tendo uma conversa semelhante comigo.

Maria Tereza – Como foi também para os meus pais quando resolvi fazer Psicologia, há mais de 40 anos, quando era uma profissão recém-existente. A preocupação é: você vai viver do quê? Acho esse tema tão importante. Somos muito levados pelo "você tem que ganhar dinheiro, isso é prioridade". Mas ganhar dinheiro para quê? Eu posso resolver viver mais com menos, não é? Mais com menos, e estar muito satisfeita com isso.

Cássia – Bem, como agir quando chega a hora de nossos filhos fazerem suas escolhas? Como vamos orientá-los? Talvez sua escolha seja por uma profissão que não lhes permita viver de maneira independente como gostariam. É como mãe que vou tentar equacionar essa dúvida. E também tendo ouvido do meu pai alguma coisa semelhante, uma ponderação muito semelhante. Bem, em primeiro lugar, felizmente a vida ficou bastante mais comprida. Poucas pessoas agora vivem menos que 70, 75, 80 anos.

Maria Tereza – E bem.

Cássia – Vivem muito mais até do que 80, bem e com qualidade. Então, é possível vivermos várias vidas. É possível que nosso filho se reinvente e diga: "É, até que minha mãe tinha razão. Esse negócio não está dando certo, vou fazer outra coisa". Eu, por exemplo, comecei fazendo História, passei para Ciência Política e trabalho com educação financeira – tudo na mesma existência.

Maria Tereza – Pois é, múltiplas vidas em uma mesma existência.

Cássia – Isso é perfeitamente possível. Agora, observo sempre nas pessoas com as quais convivo que, de fato, quando encontram um trabalho que é de seu agrado, que lhes dá prazer, elas vão bem. Tenho absoluta convicção disso. Primeiro ponto, a pessoa que gosta do que faz trabalha com mais disposição. Se tiver que 'virar' noite, vira, tudo é farra. E mesmo quando o trabalho não é ainda exatamente o ideal, se a pessoa tem disposição, cuida para que o seu currículo se aprimore. E faz isso com tanto empenho que seu esforço e sua dedicação acabam sendo percebidos pelo mercado de trabalho. Não é mágica, não é o pensamento de "olhe, se você quer, o universo conspira a seu favor", não é isso não. É que a pessoa vai criando condições, seus superiores observam e constatam: "Ela luta. Vamos chamá-la porque ela é capaz, é interessada". E, assim, ela vai construindo condições para um desenvolvimento profissional que é muito interessante.

Maria Tereza – De qualquer modo, existe um preço que pagamos por todas as decisões que tomamos, e isso é bem razoável e compreensível. Desde a renúncia: de cinco possibilidades, vamos escolher uma. De alguma maneira vamos ser cobrados por isso. Parte do aprender a escolher é conseguir lidar com a cobrança externa. É escolher o caminho. E isso diz respeito a todas as escolhas, inclusive ter um carro usado, em vez de um novo; ter mais dinheiro ou menos dinheiro. Importante é o uso do livre-arbítrio, saber até que ponto a decisão é da pessoa.

Cássia – Esse é o xis da questão. Se alguém tem um carro usado e está bem com isso, o mundo pode despencar crítica sobre essa pessoa que ela não vai ligar. Porque a escolha é dela, é ela quem está no comando da decisão. Você disse que seu filho não liga para carro, Maria Tereza.

Maria Tereza – E eu, há oito anos, decidi que não queria mais ter carro. Vivo sem carro e vivo feliz. Como é bom não ter carro!

Cássia – Eu também! Mas, para alguém que queira ter um carro e não tem por razões várias, isso será um problema.

O que me lembra a questão do filho único e a tendência a ser mimado pelos pais. A minha geração, por exemplo, é a geração que teve filhos únicos. Várias das minhas amigas tiveram um só filho. Eu tive, e isso nunca chegou a ser um problema porque eu havia tomado esta decisão: teria apenas um filho. Por isso, provavelmente, meu filho não cresceu mimado, como costumamos ver. Isso era bastante comum, por exemplo, nas famílias nas quais, por alguma razão, a mãe não podia ter outro filho. Nesses casos o fato de ter um único filho não era uma escolha e, eventualmente, passava a ser um problema.

Se alguém faz uma escolha profissional e está tão encantado com ela, convencido de que decidiu acertadamente, não vai se aborrecer com as críticas e sugestões para mudar sua opção. Usando um exemplo exagerado, só para fazer uma imagem de brincadeira: se **Madre Teresa de Calcutá** fosse se importar cada vez que alguém chegasse perto dela e dissesse: "Teresa, não acredito que você está com esse vestidinho de novo!", ou qualquer comentário tolo desse tipo, ela enlouqueceria.

Maria Tereza – Sem dúvida.

Falávamos de ter várias vidas dentro de uma existência... Eu adoro turismo ecológico, costumo me aventurar por trilhas. Já visitei lugares muito interessantes, como a Chapada Diamantina. Lá, conheci algumas pessoas que trabalhavam no mercado financeiro e viviam uma vida enlouquecida de trabalho e de dinheiro, adoecidas com tanta pressão. Ou então empresários de diferentes áreas que chegaram à Chapada Diamantina, se apaixonaram por aquele lugar – porque realmente é uma loucura – e decidiram: "Vou morar aqui". Largaram tudo, abriram um pequeno restaurante, uma pousada... E moram na Chapada Diamantina felizes da vida. Foram escolhas que resolveram fazer a certa altura da vida, porque não estavam mais aguentando ter gastrite, estresse, não queriam colocar ponte de safena mais uma vez. E aí resolveram: "Bom, vou viver mais com menos. Vou viver no meio dessa natureza espantosa, maravilhosa e vou ter meu pequeno negócio". São escolhas.

Cássia – Ah, isso é fantástico! Tenho um amigo americano, que era vice-presidente de um grande banco nos Estados Unidos. Um dia ele decidiu: "Não é isso que quero". Ambos agora trabalhamos como consultores do governo americano para projetos na África.

Maria Tereza – Oba!

Cássia – Esse amigo conta que depois de um dia normal de trabalho, enquanto voltava para casa, se deu conta de que não era aquilo que queria, que não desejava viver mais daquele jeito, queria viver outras coisas: "Trabalho em banco desde os 16 anos, quero fazer outra coisa". Imagine alguém, vice-presidente de um banco, escrevendo uma carta de desistência do cargo, de renúncia... É o oposto do que se esperaria que acontecesse. Há muitas vidas que a gente pode inventar.

Agora, em relação às escolhas feitas pelos filhos, é muito importante que sejamos capazes de nos segurar e deixar que eles vivam tais escolhas, que vivam as consequências daquilo, e desde muito pequenininhos. O que não podemos esperar é que na adolescência ou na vida adulta eles descubram isso assim, num estalo, sem terem tido algum preparo nesse sentido. E muita gente tem essa expectativa com seus filhos e acaba se frustrando, porque não fez aquela projeção inicial tão necessária.

Maria Tereza – Isso começa por ações muito pequenas. Os pais dão a semanada avisando que aquele dinheiro tem de durar a semana toda. No segundo dia, o filho vem reclamando: "Já acabou, gastei tudo. Pode me dar mais?". A resposta dos pais só pode ser: "Na semana que vem você tem mais". Isso é ajudar na autorregulação.

Eu posso escolher: torrar tudo em um dia ou gastar aos poucos, no decorrer da semana. Cada escolha terá uma consequência. "Ah, 'coitadinho', gastou tudo em dois dias, vamos dar mais um pouco para ele". Como é que ele vai se autorregular? Difícil, não é?

Cássia – E essa criança/adolescente vai virar um adulto... vai virar um adulto com dificuldades de contenção.

Maria Tereza – Quantos não conhecemos que dizem assim: "Ah, eu ganho x. Não dá. Aí eu ganho x+y, continua não dando".

Cássia – Ganha duas vezes mais e não dá ainda.

Maria Tereza – Não, não dá. Ainda que ganhe três, quatro vezes mais, será sempre insuficiente, porque há pessoas que quanto mais ganham, mais gastam, mais ficam endividadas, pois aí surgem novos desejos e novas compras... E a coisa não anda.

Cássia – A criança tem que se dar conta disso, mas, a meu ver, o ponto sempre mais interessante é que os pais se perguntem: "Quando o Joãozinho, no segundo dia, já 'detonou' a semanada e me pede um reforço, por que me incomoda tanto esperar? O que há em mim que não deixa que eu suporte que meu filho espere até a semana seguinte?". Em vez de jogar isso para o mundo e dizer: "O problema é a publicidade, é o capitalismo, é a influência dos amigos".

Maria Tereza – Essa é uma revisão do que é ser bom pai ou ser boa mãe. Porque o que se pensa por aí é que ser bom pai e boa mãe é fazer tudo o que as crianças querem. Não é nada disso! Mas existe esse conceito. Então, se digo não para o meu filho, se digo "não, você vai esperar", estou sendo má para ele? Claro que ele vai dizer: "Poxa, você é muito má!". Porque, naquele imediatismo do desejo, eu o estou frustrando, então estou sendo má, do ponto de vista dele. Mas, na verdade estou sendo boa ao dizer: "Vai ter de esperar. Você escolheu isso, então essa é a consequência".

Cássia – Esses momentos são muito desagradáveis, porque agir assim é muito chato, não é? Quem tem filho sabe que educar é repetir.

Maria Tereza – Que mão de obra!

Cássia – Repetir uma vez, duas, três, 15 vezes! Como isso é chato! Se filho soubesse como é desmotivador mandá-lo tomar banho todo dia, tendo que insistir nessa ordem, ele iria logo tomar o banho para ficar livre e poupar os pais dessa tarefa tão desagradável.

Quando os pais sentem esta resposta dos filhos, que podem até ainda ser pequeninhos: "Você é muito chata" ou "Você é muito chato", ou, na adolescência, porta batida seguida da declaração: "Eu te odeio, vou embora desta casa etc.", se eles são capazes, em primeiro lugar, de voltar no tempo e de se lembrar de quando, ainda crianças, agiram da mesma forma também, podem respirar aliviados porque sabem que tudo passa: eles superaram no passado e os filhos também vão superar no presente. Os pais podem até ser capazes de dizer, às vezes, alguma coisa do tipo: "Não odeia não. Você pode estar com muita raiva agora porque eu estou contrariando você. Porque você queria isso, e eu não vou fazer. O seu sentimento agora é este: você está com raiva de mim, mas você não me odeia não. E isso vai passar". Isso é tranquilizador para os pais.

E é tranquilizador para a criança também, porque coloca as coisas em perspectiva. Da mesma maneira, quando os filhos dizem "eu quero aquele celular, porque todo mundo tem...", é importante darmos perspectiva ao assunto: "Não, não é todo mundo que tem. E, se você pertence a um grupo em que todos possuem esse celular e você não tem dinheiro para isso, então você está no grupo errado".

Maria Tereza – "Mude de grupo."

Cássia – "Procure sua turma, porque essa não é sua turma não. Ou encontre alguma outra forma de renda. Saia desse grupo. Você não vai querer que o mundo se amolde à sua realidade."

O que nos devolve àquela questão sobre influência do grupo: há três momentos muito interessantes, é como se fosse mesmo uma saga, em que os filhos perguntam aos pais se são ricos ou pobres. São momentos muito importantes para os pais. De modo geral – isso é um clássico – acontece pela primeira vez quando as crianças têm cinco, seis anos. Claramente, o que elas querem saber é se sua família é rica como os ricos dos contos de fadas, que é a associação que as crianças fazem. Quem vai à festa de príncipe, quem tem carruagem, esse é rico. E pobre mora em choupana com uns animaizinhos silvestres. E como na casa isso não fica claro, quer dizer, não tem príncipe... "O que a gente é?" E, um pouquinho mais tarde, elas fazem a pergunta com outra conotação. Lá pelos sete anos as crianças voltam a manifestar curiosidade sobre os limites da renda familiar. Nesse momento, o mais comum é que isso aconteça porque a criança começa a se dar conta de que outras crianças possuem coisas que ela não possui. Por volta dos nove anos, as crianças retomam essa investigação. Nessa fase a abordagem costuma ser mais direta: "Quanto você ganha?". Esse é o tipo de informação, aliás, que os pais não devem sequer sonhar em fornecer à prole. Isso é assunto de adultos, não de crianças. Mas o curioso é que nesses três momentos é muito comum que os pais reajam mal ao questionamento dos filhos. É como se eles tomassem a curiosidade da criança por uma avaliação do desempenho. Como se a criança estivesse perguntando: "E aí? Você é competente ou incompetente? Bem-sucedido ou fracassado?". E não é nada disso.

Maria Tereza – Porque aí, de novo, o conceito de riqueza está acoplado à conta bancária. De que riqueza, afinal, nós estamos falando?

Cássia – E vemos aí a dificuldade desse pai. Porque, se é um pai que possui um carro ano 2000 e está bem com isso, ele vai responder bem à questão, porque está tranquilo com a escolha que fez. Mas, se ele tem um carro que comprou em 430 vezes, por exemplo, e está inadimplente desde a terceira parcela, ele vai reagir mal. E é curioso notar que essas empresas de *leasing* dos carros, dos carros mais caros, estão com alto índice de inadimplência.

Aquele pai, portanto, vai reagir mal, vai tomar a pergunta como uma comparação, como uma cobrança. Ele sente como se o filho estivesse perguntando: "Você é um vencedor ou um perdedor?". A criança está falando de outro assunto, mas é assim que ele sente mesmo e reage muito mal.

Maria Tereza – De novo, o conceito de vencedor e perdedor está acoplado à conta bancária. Então, ele se sente humilhado, rebaixado, desprestigiado, porque não é bem-sucedido financeiramente. Bem-sucedido significa ser rico. É bem diferente de um pensamento como o de **Erich Fromm**, por exemplo no livro *Ter ou ser?*, que mostra como essa questão está bastante relacionada com a espiritualidade. Ou seja, nas sociedades e nas famílias que cultivam alguma espiritualidade, a parte do ser é mais reforçada. Mas, hoje em dia, muitos se afastaram desse caminho de evolução do ser...

Certa vez, uma pessoa que morava em uma comunidade disse assim: "Não sei por que chamam as comunidades de carentes. Carentes de quê? Porque nós temos pouco dinheiro? Mas somos muito ricos em criatividade, somos ricos em maneiras de viver a vida, somos muito ricos de encontros". São outras as riquezas que cultivam.

Quando estava escrevendo um dos meus livros para adolescentes, fiz várias viagens ao interior da Amazônia e conheci uma comunidade materialmente pobre. Na beira de um rio, ficava um casebre de madeira onde funcionava o centro comunitário; no final de semana, as pessoas andavam duas, três horas de barco para se encontrarem naquele local. Perguntei-lhes: "O que vocês fazem aqui?". "A gente vem para cá sábado à noite e só vai embora no domingo à noite", responderam. Eu ainda quis saber: "E como é? O que vocês fazem quando se reúnem?". E a resposta: "Todo mundo vem aqui para conversar".

Que riqueza, Cássia. Essas pessoas ficavam lá conversando, trocando ideias, dançando, fazendo música. Elas se encontravam para conversar. Viviam mesmo na pobreza material, viviam ali, seringueiros ou ribeirinhos. Pobreza material, sim, mas com uma riqueza de convívio impressionante! Elas se consideravam felizes, estavam alegres. Vida dura, bastante trabalho... e que rendia muito pouco dinheiro. Mas uma vida plena, porque rica de convívio, rica de laços afetivos.

Cássia – E de acordo com as escolhas delas.

Maria Tereza – Então, como é que vamos pensar essa questão do que é ser rico, do que é ser pobre, de qual é o valor do dinheiro?

Cássia – E permitir que isso se torne a coisa mais importante.

Maria Tereza – O valor da constituição da vida, não é?

Cássia – Até porque, no dia a dia da família, como é que isso se relaciona? É o pai que oferece dinheiro – comentamos isso logo no início – para premiar o desempenho escolar: "Se você tirar tantos *A* ou tantos *10*, eu pago tanto". Eu concordo que nem todos os pais conhecem o processo de educação, nem todos têm uma noção muito clara disso. Mas é uma questão de bom-senso. Se fazemos algo assim, o recado que damos à criança, ao adolescente é o seguinte: "Não me importa o que você tenha que fazer para entregar esse resultado. Não me importa se você vai colar, pintar ou bordar: eu quero resultado". É a maneira mais fácil de tornar alguém corrupto. Porque o corrupto é exatamente alguém interessado apenas no resultado...

Maria Tereza – Independentemente dos meios.

Cássia – Pois é, interessado em ter o dinheiro, independentemente do processo que ele vai utilizar. É assim que vamos desvirtuando a educação e colocando este valor: "Não importa a carreira que eu siga, importa que eu tenha dinheiro"; "Não importa o que eu tenha que fazer, importa que eu tenha dinheiro". Virou um valor máximo. Isso é perigoso, pernicioso, triste. Isso é, sobretudo, sem trocadilho, muito pobre.

Glossário

Aristóteles (384 a.C.-322 a.C.): Filósofo grego, é considerado um dos maiores pensadores de todos os tempos. Ao lado de Sócrates e Platão, figura entre os expoentes que mais influenciaram o pensamento ocidental. Discípulo de Platão, deixou um importante legado nas áreas de lógica, física, metafísica, da moral e da ética, além de poesia e retórica.

Bauman, Zygmunt (1925): Sociólogo polonês, é professor emérito dessa disciplina na Universidade de Leeds, na Inglaterra. Autor de vários livros que tratam da teoria social da modernidade e da pós-modernidade, escreveu *Vida a crédito*, *Vida para consumo*, *Amor líquido: Sobre a fragilidade dos laços humanos*, entre outros.

Calcutá, Madre Teresa de (1910-1997): Missionária albanesa, Agnes Gonxha Bojaxhiu (seu verdadeiro nome) foi beatificada pela Igreja católica em 2003. Dedicou sua vida a ajudar os pobres, vivendo entre eles, fora do convento. Em 1979, recebeu o prêmio Nobel da Paz pelos serviços prestados à humanidade.

Einstein, Albert (1879-1955): Físico e matemático alemão, radicado nos Estados Unidos. Sua Teoria da Relatividade modificou definitivamente as ideias a respeito do espaço, do tempo e da natureza do Universo. Recebeu o prêmio Nobel de Física em 1921.

Fitzgerald, Francis Scott (1896-1940): É considerado um dos maiores escritores estadunidenses do século XX, pertenceu à chamada "geração perdida" da literatura americana. Filho de um aristocrata e de uma rica herdeira, em seu terceiro e mais célebre romance, *O grande Gatsby* (1925), faz uma reflexão crítica da vida em alta sociedade.

Fromm, Erich (1900-1980): Psicanalista alemão, emigrou para os Estados Unidos após a ascensão de Hitler ao poder. Para Fromm, a personalidade de um indivíduo era resultado de aspectos biológicos, socioeconômicos e culturais, ponto em que discordava de Freud, que privilegiava a influência do inconsciente. Sua obra procura levar à reflexão sobre as diversas formas de totalitarismo e alienação.

Instituto Akatu: Organização não governamental sem fins lucrativos, tem como objetivo a educação para o consumo consciente, considerando os impactos sobre a sociedade, a economia e o meio ambiente.

Instituto Alana: Organização sem fins lucrativos, criada em 1994, busca promover a cidadania e a qualidade de vida por meio da educação e da cultura. Desenvolve também atividades em prol da defesa dos direitos das crianças e dos adolescentes que dizem respeito a relações de consumo em geral.

Montessori, Maria (1870-1952): Médica e educadora italiana, desenvolveu um sistema de ensino que procura estimular o potencial criativo dos alunos, favorecendo a educação dos sentidos e a tomada de decisões.

Pacheco, José (1951): Natural da cidade do Porto, em Portugal, idealizou e coordena, desde 1976, a Escola da Ponte, instituição de ensino básico que se notabilizou pelo projeto educativo inovador, baseado na autonomia dos estudantes, em que não há divisão por turmas nem testes. É autor de vários livros, entre os quais: *Escola da Ponte, Sozinhos na escola* e *Para os filhos dos filhos dos nossos filhos.*

Platão (427-347 a.C.): Um dos principais filósofos gregos da Antiguidade, discípulo de Sócrates, influenciou profundamente a filosofia ocidental. Afirmava que as ideias são o próprio objeto do conhecimento intelectual e que o papel da filosofia seria libertar o homem do mundo das aparências para o mundo das essências. Escreveu 38 obras; em virtude do gênero literário predominante, elas ficaram conhecidas pelo nome coletivo de *Diálogos de Platão*.

Souza, Paulo Renato (1945-2011): Ex-ministro da Educação, formou-se economista pela Universidade Federal do Rio Grande do Sul (UFRGS), obteve seu mestrado pela Universidade do Chile e seu doutorado pela Universidade Estadual de Campinas (Unicamp), onde foi professor titular do Instituto de Economia. Na década de 1980, foi reitor da Unicamp, secretário de Educação do estado de São Paulo e presidente da Companhia de Processamento de Dados do Estado de São Paulo. Publicou vários livros e artigos.

Veblen, Thorstein Bunde (1857-1929): Economista e sociólogo estadunidense, filho de imigrantes noruegueses, sua obra mais famosa é *A teoria da classe ociosa* (1899), na qual critica a ostentação nas classes mais favorecidas.